Hubertus Ott

Ute Tietje

100 Übungen

für Freizeit- und Turnierreiter

Aus der Praxis für die Praxis

BUFFALO VERLAG

Hubertus Ott/Ute Tietje

100 Übungen für Freizeit- und Turnierreiter
– Aus der Praxis für die Praxis

ISBN 978-3-98113009-0-1

© Buffalo Verlag, Verden/Aller

1. Auflage Januar 2010
2. Auflage Juli 2010
3. Auflage 2012
4. Auflage 2014
5. Auflage 2020

Der Nachdruck, auch einzelner Teile, ist verboten. Das Urheberrecht und sämtliche weiteren Rechte sind dem Verlag vorbehalten. Übersetzung, Speicherung, Vervielfältigung und Verbreitung einschließlich der Übernahme in/auf elektronische Medien wie Internet, CDs usw. sind ohne vorherige schriftliche Genehmigung des Verlages unzulässig und strafbar.

Fachlektorat: Charlotte von Lossow
Lektorat: Prof. Dr. Günter Lehmann
Cover Layout: Nils Heise
Layout: Ute Tietje
Graphiken: Hubertus Ott und Ute Tietje
Titelgrafik „Reiterin": Simone Ritter

Alle Angaben in diesem Buch wurden nach bestem Wissen und Gewissen gemacht. Sorgfalt bei der Umsetzung ist dennoch geboten. Verlag, Autor und Herausgeber übernehmen keinerlei Haftung für Personen-, Sach- oder Vermögensschäden, die aus der Anwendung der vorgestellten Materialien und Methoden entstehen können.

Inhaltsverzeichnis

Vorwort	7
Die Basis ist eine solide Ausbildung	8
Allgemeine Hinweise	13
Bahnbezeichnungen und Bahnregeln	14
Reiten nach Bahnpunkten und Pylonen	17
Volten, Kehrvolten, Zirkel und Diagonalen	21
Schlangenlinien	32
Gangartenübergänge	37
Stellung und Biegung	41
Schulterherein	47
Schenkelweichen	50
Kruppeherein – Travers	57
Vorhandwendung	59
Hinterhandwendung	61
Galopp	66
Einfacher Galoppwechsel	76
Außengalopp	81
Horsemanship	83
Horsemanship – Aufgaben	84
Gelassenheitsprüfung und Trail	97
GHP und Trail – Übungen	99
Gerittene GHP – Aufgaben	110
Trail – Aufgaben	114
Kombinationsaufgaben aus Horsemanship und Trail	118

Die entscheidenden Faktoren für den Erfolg sind:

Geduld – Disziplin – Selbstbeherrschung – Pferdefachkenntnis

und nicht zuletzt:

Das Bemühen, sein Pferd besser zu verstehen und sich ihm gegenüber verständlich zu verhalten!

Vorwort

„Reiten lernt man nur durch reiten", eine alte Weisheit, die auch heute noch Geltung hat. Nur stetes Trainieren ebnet den Weg zu entspannten, befriedigenden Ausritten und zu guten Leistungen im Turniersport.
Jedoch muss üben nicht zwangsläufig langweilig sein. Mit inspirierenden Aufgaben statt lediglich nur mit altbekannten Bahnfiguren, die eher für den Gruppenunterricht als fürs individuelle Training geeignet sind, werden Pferd und Reiter gefordert. Kreative Übungen erhalten die Aufmerksamkeit des Pferdes und motivieren es zur Mitarbeit.
Ein Teil der Aufgaben dieses Buches dient dem Erlernen oder der Verbesserung bestimmter Fertigkeiten. Den systematischen Grundübungen mit begleitenden Übungsvorschlägen folgen solche, die das kontrollierte, präzise Reiten mit Hilfe von Pylonen fördern. Zusätzlich beinhaltet das Buch Aufgaben zur Steigerung der Gelassenheit des Pferdes, die im Turniersport erforderlich und im Gelände wegen der Sicherheit unabdingbar ist.
Insgesamt alles Übungen, an denen man auch leicht erkennen kann, was verbessert werden muss und was sich bereits verbessert hat. Einige Aufgaben können auch als interessante Anregungen für kleine Hausturniere dienen.
Das Ziel ist es, durch abwechslungsreiche Übungen ohne Langeweile für Pferd und Reiter Korrektheit und Gelassenheit bei der Aufgabenbewältigung zu erreichen und die Rittigkeit des Pferdes zu fördern.
Dabei kann jedoch nicht nach "Schema F" vorgegangen werden, denn gelegentlich spricht ein Pferd auf die eine oder andere Übungsmethode besser an. Daher werden zu bestimmten Manövern gelegentlich alternative Methoden gezeigt, um später eine Übung korrekt ausführen zu können und so das vorgegebene Ziel zu erreichen. Denn auch im Reitsport gilt: „viele Wege führen nach Rom".
Die hier vorgeschlagenen Übungen sollen als Vorschläge und Anregungen verstanden werden, nicht als allgemeingültige Rezepte, denn jedes Pferd ist ein Individuum.

Die Basis ist eine solide Ausbildung von Pferd und Reiter

Es mag irreführend klingen, wenn man Freizeit- und Turnierreiter unterscheidet. Letztlich ist jeder ein Freizeitreiter, der diesen Sport nicht professionell betreibt. Lediglich die Ziele sind unterschiedlich.
Die Motivation einiger Menschen, die sich dem Reitsport zuwenden, ist es, allein oder mit Gleichgesinnten durch die freie Natur zu reiten. Andere Reiter erfreuen sich einfach an ihren zunehmenden Fortschritten auf dem Reitplatz oder tasten sich langsam an Abzeichen oder den Turniersport heran. Doch nicht immer steht ein Reitlehrer zur Verfügung oder ist gar für täglichen Unterricht finanzierbar.
Egal wie das Ziel heißt, Turniersport, Vorbereitung auf Abzeichen oder „nur" in den Wald reiten, einzig eine solide Ausbildung ist die Basis für entspannte Ritte. Dazu dienen Übungen zum einen dem Erlernen oder der Verbesserung erworbener Fertigkeiten, zum anderen dem notwendigen Aufbau der benötigten Muskulatur des Pferdes.
Durchlässigkeit ist das Ziel der gesamten Ausbildung eines Pferdes. Das durchlässige Pferd ist nicht nur gehorsam, sondern nimmt die Hilfen seines Reiters willig an und folgt ihnen gerne. So sind oft nur geringfügige Signale zu erkennen, wenn ein Könner auf seinem Pferd sitzt. Das präzise Zusammenspiel verschiedener Hilfen bewirkt eine bestimmte Verhaltensweise beim Pferd. Widersetzlichkeiten des Pferdes sind oft Missverständnisse zwischen Reiter und Pferd durch die Hilfengebung, können aber auch daraus resultieren, dass der Reiter sein Pferd überfordert. Das Vorgehen in kleinen Lernschritten erleichtert Mensch und Tier das Verstehen.
So wie jeder ABC-Schütze nur durch stetes Wiederholen bestimmter Übungen lesen und schreiben lernt, wird auch jeder Sportler nur durch die Wiederholung bestimmter Übungen zur Perfektion gelangen. Beim Reiten gestaltet sich der Weg dorthin noch schwieriger, denn hier müssen zwei Individuen den Weg dorthin finden.
Hat ein Pferd den Ablauf einer bestimmten Übung begriffen, wird es bei ständiger Wiederholung je nach Intelligenz, früher oder später anfangen, schlampig zu arbeiten, weil es sich langweilt. Oder es wird beginnen, eifrig mitarbeitend einzelne Manöver vorwegzunehmen, weil es ja bereits weiß, was gleich kommen wird. Alte Übungen phantasievoll immer wieder zu neuen zu arrangieren hilft, dem entgegen zu wirken. Gelegentlich erweist

es sich bereits als nützlich, eine Übung spiegelverkehrt zu reiten oder eine Pylone mehr als erforderlich aufzustellen und die Aufgabe bei der vorletzten Pylone zu beenden. Der Phantasie des Reiters sind keine Grenzen gesetzt. Die Übungen in diesem Buch sollen auch Anregung sein, sich selbst neue Aufgaben auszudenken, die ähnliche Elemente enthalten oder später auch einen höheren Schwierigkeitsgrad aufweisen können.

Die Arbeit mit Fixpunkten (Pylonen oder anderen Hilfsmitteln) ist nicht nur generell hilfreich zur Eigenkontrolle, sondern auch, um weg von der Bande in der Mitte der Bahn präzise arbeiten zu können, d.h. auf den Punkt genau.

In seinem eigenen Interesse sollte der Reiter dabei streng mit sich selbst sein und bei einem Misslingen einer Aufgabe zuerst sich selbst überprüfen, bevor er dem Pferd die Schuld dafür gibt und es wohlmöglich straft. Jede positive Reaktion des Pferdes im Training sollte mit viel Lob bedacht werden. Umso freudiger wird es in Zukunft mitarbeiten.

Bei neuen und schwierigeren Übungen muss sich der Reiter mit seiner Leistungsanforderung an den psychischen und physischen Möglichkeiten des Pferdes orientieren. Eine Überforderung des Pferdes kann das Vertrauensverhältnis nachhaltig beeinflussen.

Gutes Reiten bedeutet Einklang des Reiters mit den Bewegungsabläufen des Pferdes. Das setzt einen korrekten Sitz voraus, der die Grundvoraussetzung für die Anwendung aller Hilfen ist. Jeder Reiter sollte sich bemühen, dem Idealzustand möglichst nahe zu kommen, auch wenn die jeweilige Anatomie dem unterschiedliche Grenzen setzt. Dazu sollte der Reiter „mitten im Pferd" und nicht auf dem Pferd sitzen. Nur dann stimmt der Sitz mit dem Schwerpunkt des Pferdes überein und man kann es optimal kontrollieren. Ein schärferes Gebiss oder die Anwendung diverser Hilfszügel sind absolut keine Lösung, wenn der Sitz des Reiters Mängel aufweist.

Die Körpersprache des Reiters erfolgt im Sattel unter anderem durch das Gewicht und dessen Verlagerung. Niemand käme auf die Idee, auf einem Fahrrad oder Motorrad falsch zu sitzen, weil man instinktiv weiß, dass man umfallen würde. Dem armen Pferd wird jedoch immer wieder abverlangt, die menschlichen Sitzfehler auszubalancieren.

Ein Ausritt durch Wälder und Felder, um den Stress des Alltags hinter sich lassen, kann sich in der heutigen Zeit mit dem Fluchttier Pferd zu einem lebensgefährlichen Abenteuer entwickeln, wenn Pferd und Reiter keine ordentliche Ausbildung haben und nicht gut aufeinander abgestimmt sind. Im Idealfall sitzt der Reiter auf seinem entspannt gehenden Pferd, träumt vor sich hin oder genießt einfach nur die Natur. Der Gang des Pferdes ist angenehm weich, so dass man sich ohne Probleme den rhythmischen Bewegungen der jeweiligen Gangart des Pferdes anpassen kann. Das Pferd stolpert nicht über etwaige Hindernisse, läuft nicht erschreckt vor einer auffliegenden Plastiktüte, den im Wind knatternden Bändern einer Baustelle oder beim Anblick eines Autos, Treckers oder irgendetwas Unbekanntem davon. Es lässt sich ohne große Einwirkungen in jede beliebige Richtung lenken und mit leichten Hilfen aus seinem wiegenden Galopp zum Schritt durchparieren, egal ob es allein ist oder in einer Gruppe von Pferden geritten wird.

Bei Erreichen einer Straße allein oder auch in der Gruppe steht es ruhig und aufmerksam, bis die Straße zur Überquerung frei ist. In unserem dicht besiedelten Land schon ein Muss. Trifft man beim Ausritt jemanden, mit dem man ein paar oder auch mehr Worte wechseln möchte, ist nichts lästiger, als wenn man dabei ständig das zappelnde Pferd händeln muss. Das hat weniger mit der Pferderasse, sondern mit konsequentem Training zu tun.

Auch für den Turnierreiter ist es nicht zu verachten, wenn sein Pferd auf dem Turnierplatz leichten Hilfen gehorchend in voller Konzentration mitarbeitet und sich nicht von hüpfenden Kindern, Luftballons, plötzlich aufgespannten Regenschirmen oder einem plötzlich auftretenden Geräusch ablenken lässt oder gar scheut.

Die FN erkannte, dass gelassene Pferde nicht nur für eine bessere Leistungsfähigkeit ein entscheidender Faktor sind, sondern auch für die Sicherheit beim Reiten im Allgemeinen. Darum hat die FN 2003 zusammen mit der Zeitschrift „Cavallo" die Gelassenheitsprüfung – kurz GHP – ins Leben gerufen, um ihre Reiter zu motivieren, ebenfalls in dieser Richtung an der Ausbildung ihrer Pferde zu arbeiten und um das Training für Scheufestigkeit zu fördern.

Die Westernreiter sind hier den klassischen Reitern ein wenig voraus, denn ihre Reitweise stammt aus einer noch aktuellen Gebrauchsreiterei, bei der die Aufgabe des Reiters nicht darin besteht, sich während des Rittes mit seinem Pferd zu beschäftigen, sondern mit seiner Arbeit. Ein trittsicheres, gelassenes, leicht zu lenkendes Pferd ist dafür unabdingbar. So entwickelten sich verschiedene Methoden, um das Ziel eines leicht reitbaren Pferdes, das auf kleinste Hilfen sensibel reagiert, zu erreichen. Erst seit sich die ersten Westernturniere in den USA (ca. 1940) etablierten, gibt es dort Leute, die sich systematisch mit der Pferde- bzw. Reiterausbildung beschäftigten. Die Methoden der Pferdeausbildung differieren jedoch teilweise auch heute noch je nach Pferd und Trainer und lassen verschiedene Lösungswege zu, das Ausbildungsziel (Ranchpferd oder Turnierpferd für verschiedene Disziplinen usw.) zu erreichen.

Die klassische Reitweise hingegen hat sich aus der Militärreiterei entwickelt. Da in der Kavallerie jeder Reiter und jedes Pferd austauschbar sein musste, um die Einsatzstärke zu erhalten, war es erforderlich, dass die Reitausbildung absolut einheitlich war, so dass keinerlei individuelle Auslegungen zugelassen waren. Auch heute werden insbesondere im Gruppenreitunterricht noch militärische Kommandos verwendet wie z. B. „Abteilung links um – Marsch!" oder „Abteilung im Arbeitstempo Galopp – Marsch!".

So lassen die Richtlinien der FN bzw. die klassische Reitlehre wenig Spielraum für andere Lösungswege zu, wenn ein Pferd auf bestimmte Hilfen nicht anspricht. Doch selbst eine schlüssige und erprobte Methode „funktioniert" nicht bei jedem Pferd, denn die einzelnen Rassen sind in Exterieur und Interieur recht verschieden.

Die hauptsächliche Lösung eines Problems besteht jedoch darin, das Training auf das Pferd abzustimmen und nicht das Pferd auf das Training.

Dieses Werk setzt voraus, dass die Hilfengebung für Grundmanöver wie Volten und Zirkel oder für die Gangarten bekannt ist.

Trotz aller Bemühungen, die Aufgaben dieses Buches so anschaulich wie möglich zu beschreiben, kann das selbständige Training den Reiter immer wieder in Situationen bringen, die ihn verunsichern. Er fragt sich, ob die auftauchenden Schwierigkeiten "normal" sind oder ob er seine Vorgehensweise und Methodik ändern muss.
In solchen Fällen ist es empfehlenswert, den Ratschlag erfahrener Reiter oder eines Reitlehrers einzuholen und durch gezielten Unterricht oder notfalls Beritt das Problem zu lösen.

Allgemeine Hinweise

⇨ Wenn hier Übungen auf einer Hand gezeichnet und beschrieben sind, dann ist selbstverständlich gemeint, dass die Übungen auf der anderen Hand genauso durchgeführt werden müssen.

⇨ Es ist wichtig, die schwache und starke Hand eines Pferdes zu kennen, vergleichbar mit Rechts- und Linkshändern bei den Menschen. Fällt die Mähne eines Pferdes zur rechten Seite, ist dies in der Regel die schwächere, denn die Mähne fällt vorzugsweise zu der Seite, auf der die Muskulatur schwächer entwickelt ist.
Die schwächere Hand muss intensiver trainiert werden als die „Schokoladenseite", d.h. die Übungen müssen notfalls doppelt so oft auf der schwächeren Hand ausgeführt werden, bis beide Seiten gleich gut arbeiten.

⇨ Sollte eine Übung nicht klappen, empfiehlt es sich, wieder zu einer ähnlichen aber einfacheren Übung überzugehen, bis diese ohne Problem geritten werden kann.

⇨ Um die Hilfengebung zu unterstützen, sollten bei den Übungen zusätzlich Stimmhilfen, die das Pferd von der Boden- oder Longenarbeit kennt, verwendet werden.

⇨ Nur durch Lob, nicht durch Strafe lassen sich dauerhafte Fortschritte erzielen. Das Pferd verfügt im Gehirn über ein angeborenes Lern- und Belohnungsprogramm, das erst durch Lob (positive Verstärkung) angeregt wird. Erwünschtes Handeln wird belohnt und erzeugt Endomorphine (Wohlfühlbotenstoffe). Daher muss das Pferd belohnt werden, wenn es etwas verstanden oder verbessert hat.
Fehler beruhen häufig auf Verständnisschwierigkeiten, daher sollte der Reiter immer wieder seinen Sitz und seine Hilfengebung überprüfen. Strafen sind nur bei unerwünschtem Verhalten wie beißen, treten, und Bocken akzeptabel und dann nur in pferdegerechter Weise.
Lob muss ebenso wie Tadel nach 1 bis 2 Sekunden erfolgen, sonst kann das Pferd ihn nicht mehr zuordnen. In welcher Form gelobt wird, entscheidet jeder Reiter für sich selbst und man sollte beim Training nicht damit geizen, auch wenn das Pferd noch so kleine Fortschritte macht.

Bahnbezeichnungen

Bahnbezeichnungen (Buchstaben und Punkte) sind für die Formulierung von Aufgaben und den Unterricht notwendig. Das Reiten nach Bahnpunkten unterstützt das punktgenaue Reiten und bereitet gut auf Prüfungen vor.

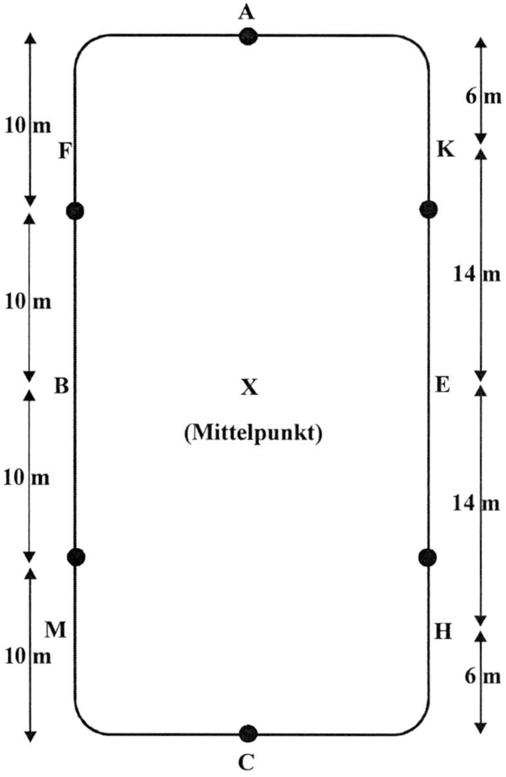

Die Bahnbuchstaben

Mein
Bester
Freund
Anton
Kann
Einen
Heben
Cheerio !

Legende Gangarten

⇨ .... = Schritt
- - - - - - - - = Trab
─────── = Galopp

Bahnregeln

Bahnregeln sollen helfen, dass Reiter ohne gegenseitige Behinderung gemeinsam reiten und trainieren können. Eingehalten verhindern sie Rempeleien oder gar Zusammenstöße.

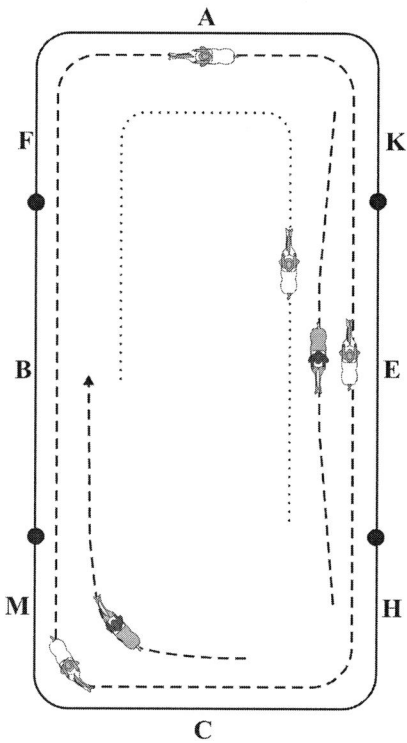

Die Bahnordnung ist wie der Straßenverkehr ein Rechtsverkehr. Das heißt, beim Reiten auf der **ganzen Bahn** bleibt der Reiter auf der **linken Hand** auf dem Hufschlag. Reiter auf der **rechten Hand** weichen nach innen aus.

Reiter auf der rechten Hand können auch dauernd auf dem 2. Hufschlag bleiben.

Eine weitere Regel heißt: Der Hufschlag gehört den „Schnelleren". Ist ein Pferd jedoch in der betreffenden Gangart schneller als andere, dann sollte der Reiter spätestens eine Pferdelänge hinter dem nächsten Pferd nach innen ausweichen und in einem Sicherheitsabstand von ca. 2,5 Meter an dem Pferd vorbeireiten. Beim Wiedereinscheren auf die Hufschlaglinie sollte das frühestens eine Pferdelänge vor dem anderen Pferd geschehen.

Reiter, die länger Schritt gehen möchten, sollten weit nach innen gehen. Reiter, die eine Pause machen möchten, halten am besten im Mittelpunkt eines Zirkels.

Beim Reiten auf verschiedenen Händen in unterschiedlichen Gangarten sollten die Reiter etwas fortgeschrittener sein.

⇨ Ist man fremd in einer Reitgemeinschaft, sollte man sich nach den dort üblichen Bahnregeln erkundigen.

Durcheinanderreiten nach Bahnregeln

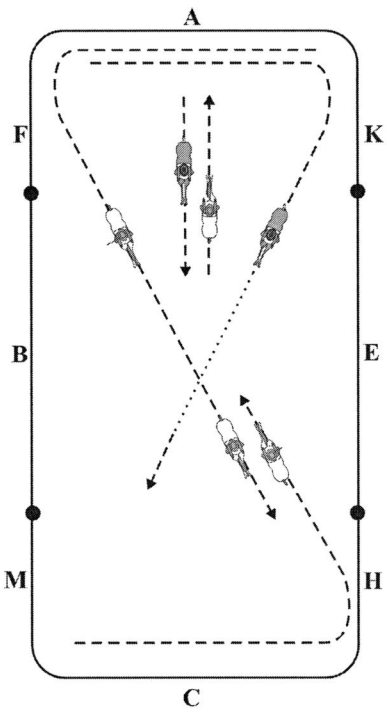

Begegnen sich Reiter auf kreuzenden Linien dann gilt:
Rechts vor Links, wie im Straßenverkehr an einer Kreuzung.

Begegnen sich Reiter auf einer Linie, dann reiten sie rechts aneinander vorbei, wie auf der Straße.

Zirkel sind so anzulegen, dass alle Reiter auf der ganzen Bahn freien Hufschlag haben, auch bei Ausweichmanövern.

Das heißt gleichzeitig:
Die Reiter auf der ganzen Bahn sollen nicht die Zirkellinien schneiden. Befinden sich Reiter auf den Zirkeln, so darf nicht durch die ganze Bahn oder durch die Länge der Bahn gewechselt werden.

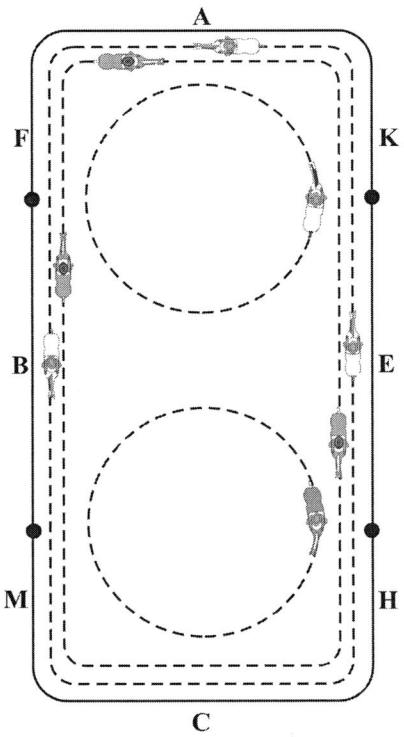

Reiten nach Bahnpunkten

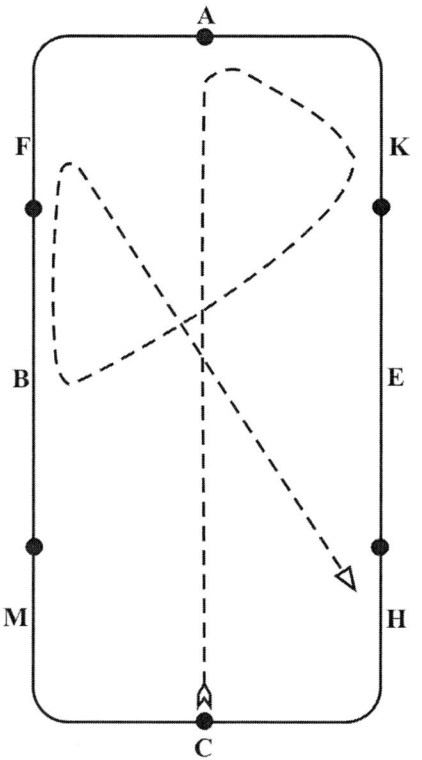

Bei „C" starten und dann zu den angegebenen Bahnpunkten reiten:

Cäsar zu
Anton, anschließend zum
Kaufmann, dann zu
Berta, weiter zu
Friedrich und dann zu
Heinrich

⇨ Wichtig ist es, stets frühzeitig dorthin zu schauen, wohin man reiten will!

Aufgaben für junge Reiter:

Als kleine Reitaufgaben oder Reiterspiele können solche Aufgaben auch gestaltet werden als „Reiten nach Gegenständen", die am Zaun aufgestellt sind:
Autoreifen, Kegel, Eimer, Hut, Campingtisch, Mülltonne, Ball, Fahne oder andere mit diesen Buchstaben beginnenden Gegenstände.

Reiten durch Pylonen-Tore

Der Abstand zwischen den Pylonenpaaren beträgt 1 m.

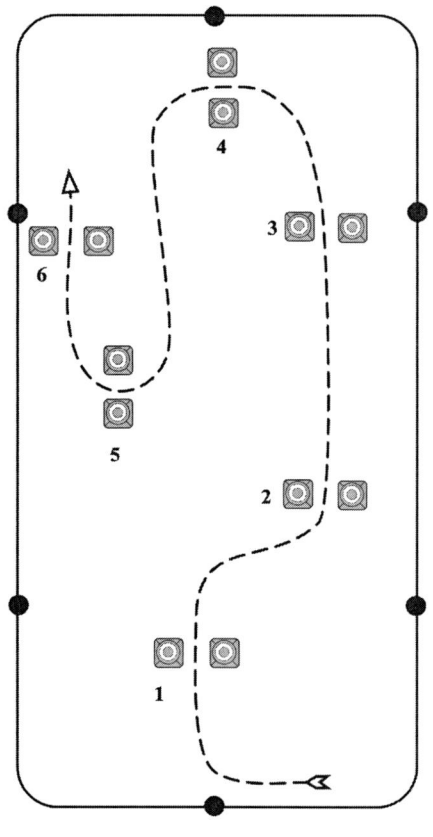

In der aufgezeichneten Reihenfolge durch die Pylonen-Tore reiten.

Schau weit voraus zum nächsten Pylonen-Tor!!

⇨ Das Pferd soll nicht mit einem Zügel in die neue Richtung gezogen werden, sondern es soll mit den Schenkeln und beiden Zügeln geführt werden!

⇨ Diese Übung dient der allgemeinen Kontrolle des Pferdes und der Gymnastizierung über Stellung und Biegung in den Wendungen.

Reiten nach Buchstaben und Pylonen

Zunächst diese Übung im Schritt reiten. Wenn das problemlos möglich ist, kann die Aufgabe im Trab geritten werden.

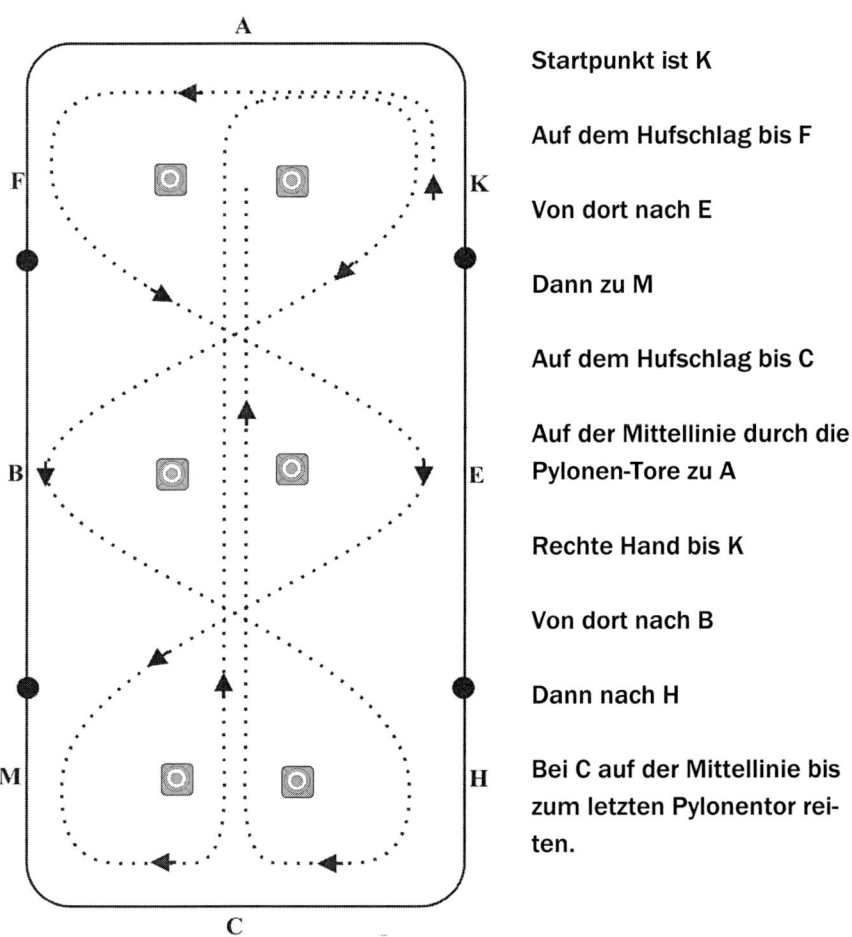

Startpunkt ist K

Auf dem Hufschlag bis F

Von dort nach E

Dann zu M

Auf dem Hufschlag bis C

Auf der Mittellinie durch die Pylonen-Tore zu A

Rechte Hand bis K

Von dort nach B

Dann nach H

Bei C auf der Mittellinie bis zum letzten Pylonentor reiten.

Korrekte Linien auf dem 2. und 3. Hufschlag

Den 2. und 3. Hufschlag durch das Aufstellen von Pylonen eingrenzen.

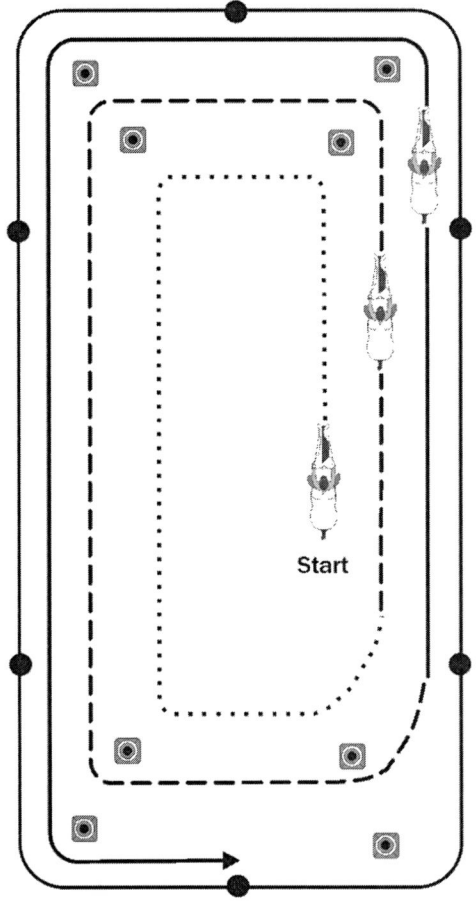

Auf dem 3. Hufschlag im Schritt eine ganze Runde reiten.

Dann auf dem 2. Hufschlag im Trab eine ganze Runde reiten.

Anschließend eine Runde Galopp auf dem 1. Hufschlag.

➪ Geradeaus schauen und nach den Pylonen richten!
➪ Reiten auf dem 2. oder 3. Hufschlag fördert die Balance und die Geraderichtung des Pferdes, da es sich nicht an der Bande anlehnen kann.

Volten und Kehrtvolten

Volten und Kehrtvolten können je nach Gangart 6, 8 oder 10 m Durchmesser haben.
Kehrtvolten führen immer geradeaus auf den Hufschlag zurück. Am Ende der ersten Voltenhälfte wird das Pferd langsam wieder geradeaus gestellt und geradeaus auf den Hufschlag zurückgeführt.

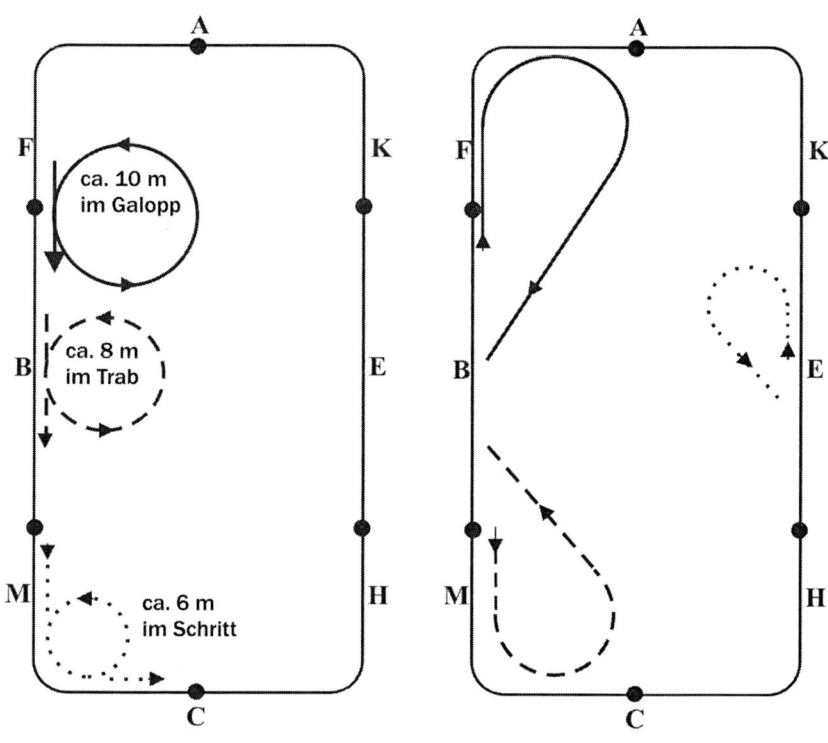

⇨ Beim Leichttraben sollte man bei den Kehrtvolten rechtzeitig den Fuß wechseln, damit man bei Erreichen des neuen Hufschlags und Einleiten der neuen Biegung bereits auf dem richtigen Fuß trabt.

Systematische Arbeit mit Volten

Diese Übung in der vorgegebenen Reihenfolge im Schritt und Trab reiten.

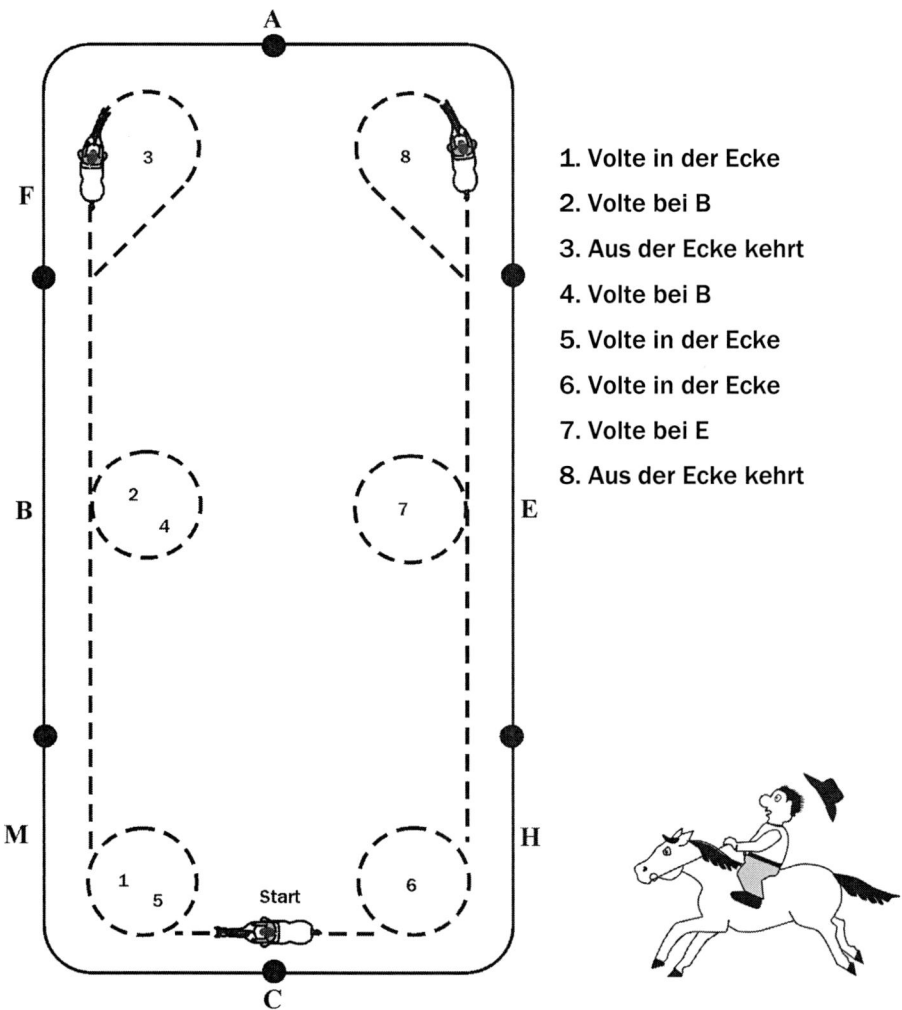

1. Volte in der Ecke
2. Volte bei B
3. Aus der Ecke kehrt
4. Volte bei B
5. Volte in der Ecke
6. Volte in der Ecke
7. Volte bei E
8. Aus der Ecke kehrt

⇨ **Dies ist eine gute Versammlungsübung und förderlich für Pferde, die etwas zu schnell gehen und zu wenig untertreten.**

⇨ **Es ist wichtig, dass Takt und Rhythmus in der jeweiligen Gangart erhalten bleiben.**

Enge Wendungen an der kurzen Seite

Diese Übungen im Schritt und Trab an der kurzen Seite der Bahn reiten.

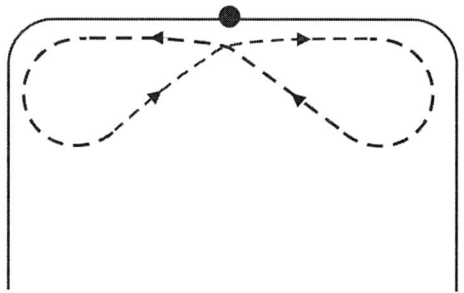

Kehrtvolten

Das Pferd zwischen den wechselnden Biegungen geraderichten!

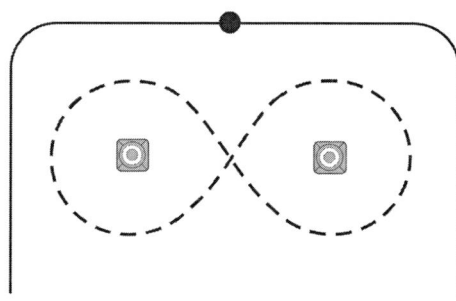

„Acht"

Auf die Pylonen schauen!

Das Pferd nicht in die Wendungen „werfen"!

⇨ Bei diesen Übungen kommt es vermehrt auf Schenkelkontrolle an. Das Pferd soll nicht in die Wendungen gezogen werden, sondern mit der Hand gestellt und mit dem Schenkel geführt werden.

Slalom um Pylonen

Die Übung zunächst im Schritt reiten, später im Trab.

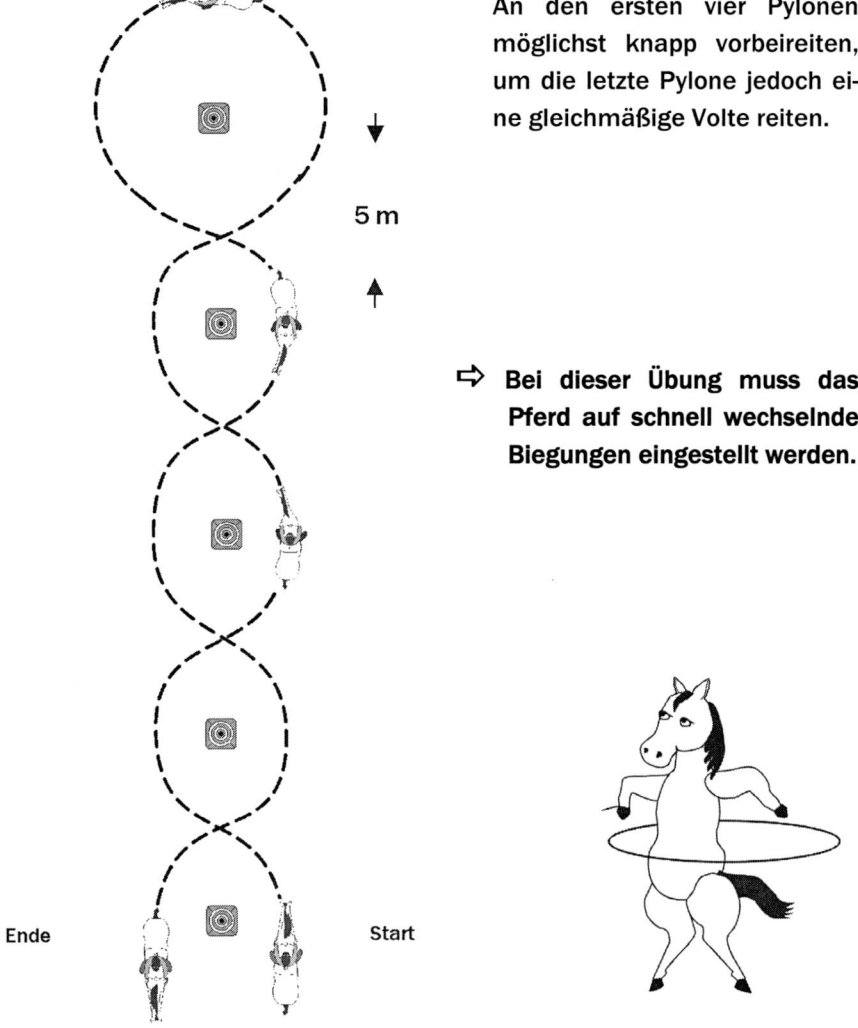

An den ersten vier Pylonen möglichst knapp vorbeireiten, um die letzte Pylone jedoch eine gleichmäßige Volte reiten.

⇨ Bei dieser Übung muss das Pferd auf schnell wechselnde Biegungen eingestellt werden.

Kommt mir vor wie Hula-Hula!

Die „unsichtbare" Longe

Diese Übung sollte in allen drei Gangarten geritten werden. An Stelle der Pylone kann auch eine Person in der Mitte stehen und den Reiter immer wieder auffordern, zu ihm zu schauen.

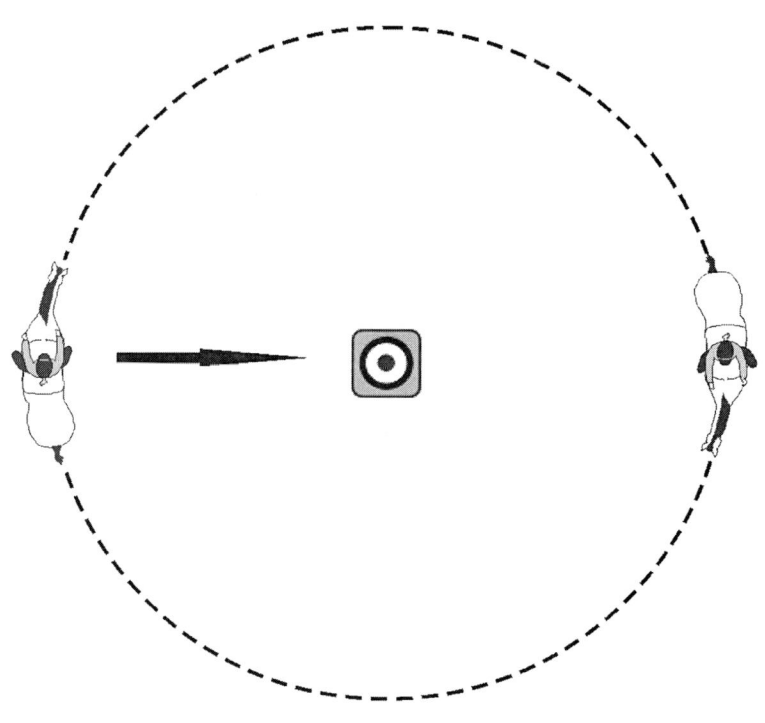

⇨ **Um einen gleichmäßigen Zirkel zu reiten, die Pylone in der Mitte im Auge behalten und stets den gleichen Abstand zu ihr halten.**

Übung zum Reiten von gleich großen Volten

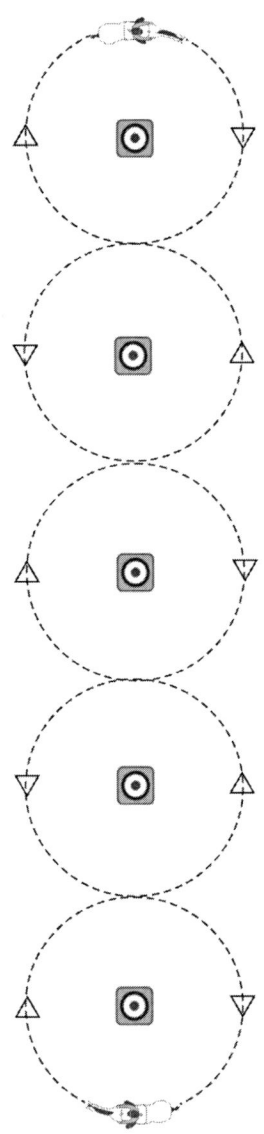

Fünf oder mehr Pylonen je nach Bahngröße auf der Mittellinie aufstellen. Der Minimalabstand beträgt 7 Meter, kann aber bei Bedarf auch vergrößert werden.

Die Pylonen stellen den Mittelpunkt der jeweiligen Volte dar. Es empfiehlt sich, anstatt einmal, jeweils mindestens zweimal die Pylone zu umrunden, um sich gut in den Takt und die jeweilige Biegung hineinzufinden.

Nach einer oder zwei Umrundungen wechselt der Reiter auf die andere Hand. Dazu sitzt er zwischen den beiden Pylonen um. Das heißt, für einen minimalen Moment ist das Pferd geradeaus gestellt.

Dieses wird fortgesetzt, bis die letzte Pylone erreicht ist. Es besteht die Möglichkeit, die Übung zu beenden oder auf dem gleichen Weg wieder zurück zu reiten.

Das Pferd soll die Übung bei gleich bleibendem Tempo und Takt ohne den Kopf hochzunehmen oder zu verwerfen, ausführen.

Nach erfolgreicher Ausführung dieser Übung in allen Variationen im Schritt, kann diese Übung im Trab, falls erforderlich mit erweiterten Abständen, durchgeführt werden. Auch hierbei sollten jedoch anfangs mindestens jeweils zwei Runden in eine Richtung geritten werden.

⇨ Mit dieser Übung soll Feingefühl für Zirkel und Volten entwickelt werden. Wichtig ist, dass die Volten alle gleich groß und kreisrund sind.

Gleich große Volten in der Bahnmitte

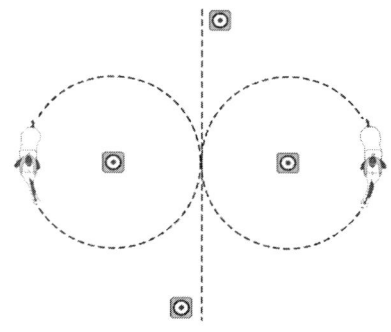

Beide Volten müssen sich in Form und Größe entsprechen und dürfen keinesfalls tropfenförmig aussehen.

Die Übung erst im Schritt und wenn das gut klappt, später im Trab reiten.

Verschieden große Volten

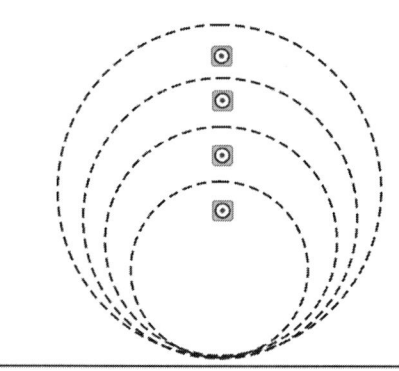

Im Mittelpunkt der langen Seite werden Pylonen im Abstand von einem Meter aufgestellt. Der Mindestabstand zum Zaun beträgt 6 m, darf aber am Anfang oder im Trab auch erhöht werden.

Die erste Volte führt zwischen der ersten und zweiten Pylone hindurch. Die zweite Volte durch die zweite und dritte Pylone usw., so dass die Volte langsam vergrößert wird. Hinter der letzten Pylone angekommen, werden die Volten wieder verkleinert, um letztendlich wieder zur kleinsten Volte zurückzukehren.

Die Übung erst im Schritt auf beiden Händen reiten. Wenn das gut klappt, die Übung auch im Trab reiten.

➪ Die Schwierigkeit bei dieser Übung, die dazu dient, Gefühl für verschieden große Volten zu entwickeln, besteht darin, dass für den Reiter kein Mittelpunkt deutlich zu erkennen ist.

Das „Schneckenhaus"

Diese Übung, „**Zirkel verkleinern**" und „**Zirkel vergrößern**" genannt, kann im Schritt, Trab und später auch im Galopp geritten werden.
Mit einem Zirkel normaler Größe beginnen. Dann jeden Zirkel um ca. einen Meter verkleinern, bis es dem Pferd spürbar schwer fällt.
Den Zirkel dann auf die gleiche Art und Weise wieder vergrößern.

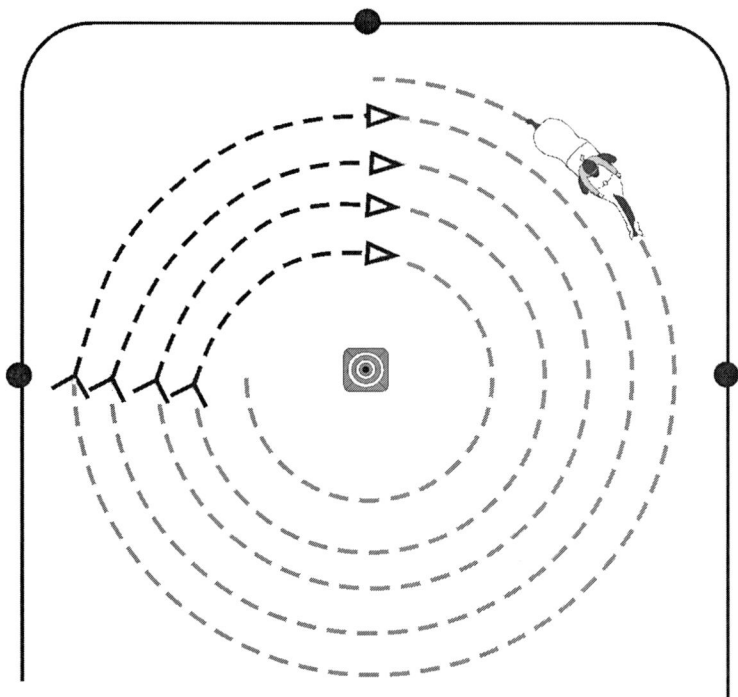

⇨ Das Pferd mit den Hilfen von außen nach innen reiten, heißt, der äußere Schenkel und der äußere Zügel bestimmen den Zirkel, der innere Schenkel und der innere Zügel halten die Biegung aufrecht.

Handwechsel im „Schneckenhaus"

Im kleinsten Zirkel des „Schneckenhauses" eine halbe Volte nach außen reiten und auf den größten Zirkel gehen.

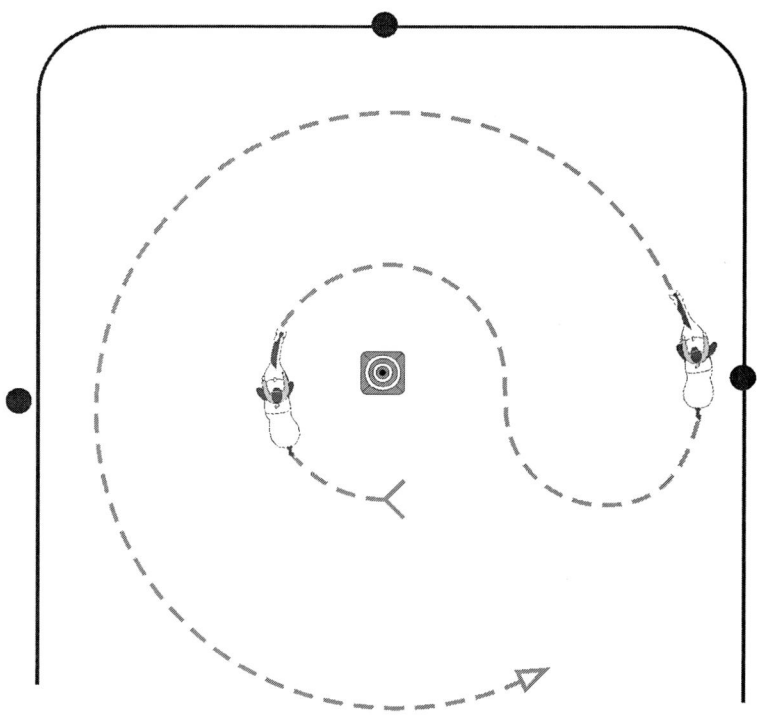

⇨ Je kleiner die Zirkel, desto höher die Versammlung! Deshalb muss bei den kleinen Zirkeln vermehrt getrieben und das Pferd stärker an den Zügel gestellt werden. Immer auf Takt-Reinheit achten!

Diagonalen reiten

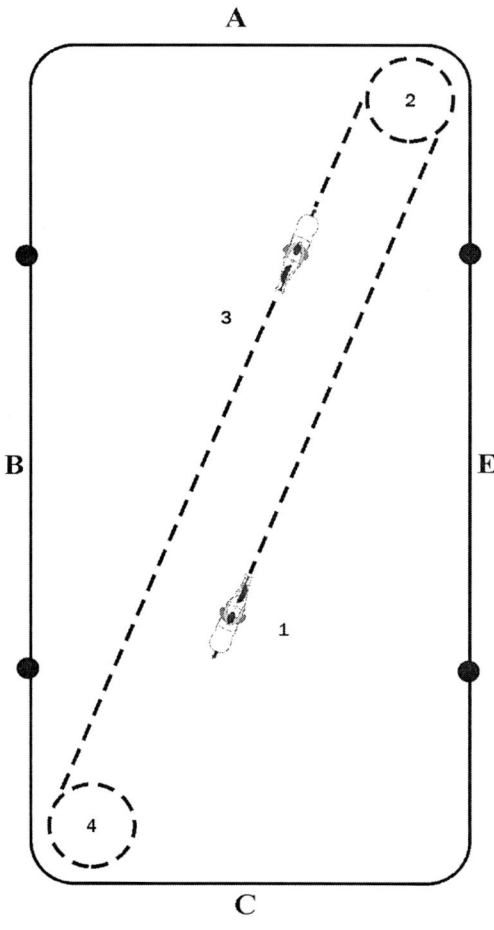

1. In gerader Linie auf die nächste Ecke zureiten.

2. Ganze Volte in der Ecke.

3. Gerade Linie zur nächsten Ecke.

4. Ganze Volte.

⇨ Diese Übung macht die Pferde unabhängiger von der Anlehnung an die Bande.

Alle Pferde suchen die Anlehnung an die Bande!

Diagonalen mit Handwechseln

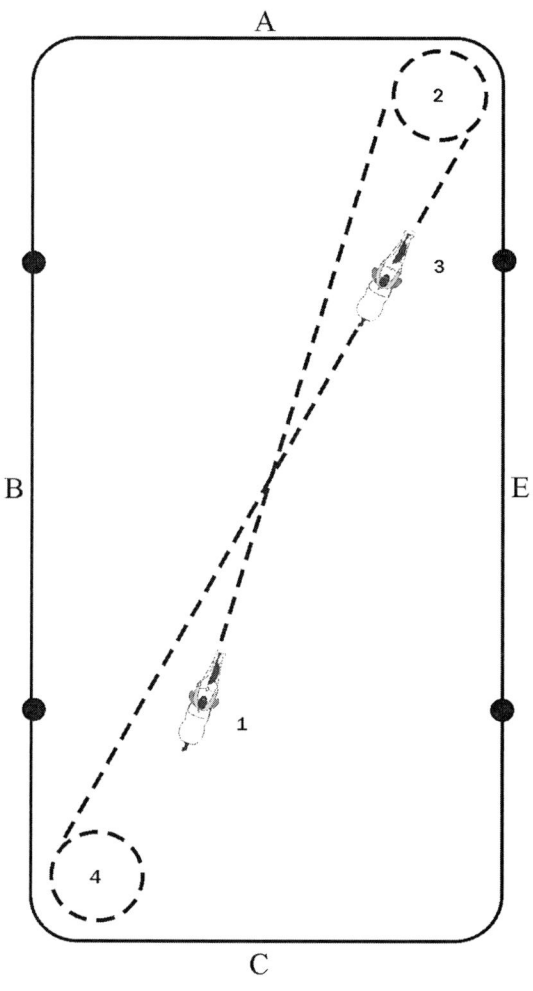

1. In gerader Linie auf die linke Seite der nächsten Ecke zureiten.

2. Ganze Volte in der Ecke.

3. Gerade Linie zur rechten Seite der nächsten Ecke.

4. Ganze Volte in der Ecke.

⇨ Mit dieser Übung soll erreicht werden, die Pferde auf den langen Linien gerade zu stellen und vor dem Ankommen in der Ecke rechtzeitig auf Biegung einzustellen.

⇨ Das rechtzeitige Umsitzen beim Leichttraben nicht vergessen!!

Schlangenlinien durch die ganze Bahn in drei Bögen

Die Übung im Schritt oder auch im Trab mit Leichttraben reiten. Bei **Schlangenlinien in drei Bögen** ergibt sich kein Handwechsel.

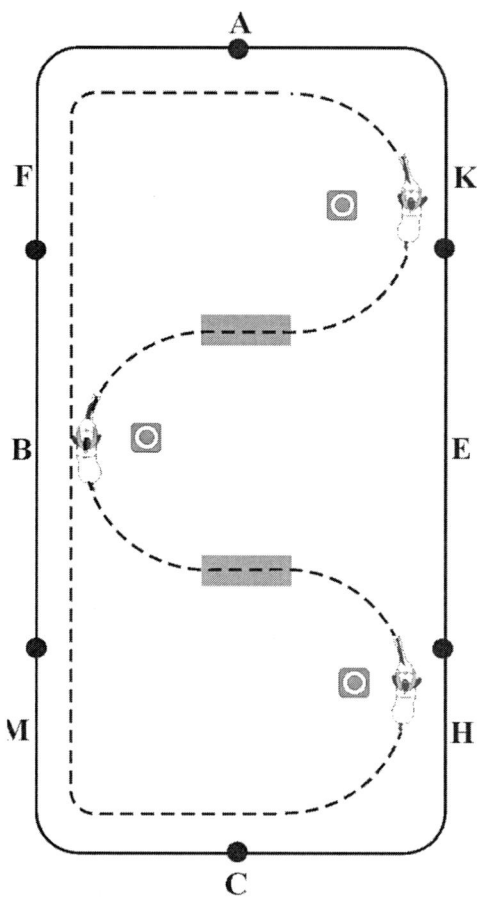

⇨ Wichtig ist das rechtzeitige Umstellen auf die neue Biegung. Zwischen den wechselnden Biegungen sollte das Pferd an den markierten Stellen etwa eine Pferdelänge gerade gestellt werden. Dort findet auch der Fußwechsel beim Leichttraben statt.

Schlangenlinien durch die ganze Bahn in vier Bögen

Die Übung im Schritt oder auch im Trab mit Leichttraben reiten. Bei **Schlangenlinien in vier Bögen** ergibt sich ein Handwechsel.

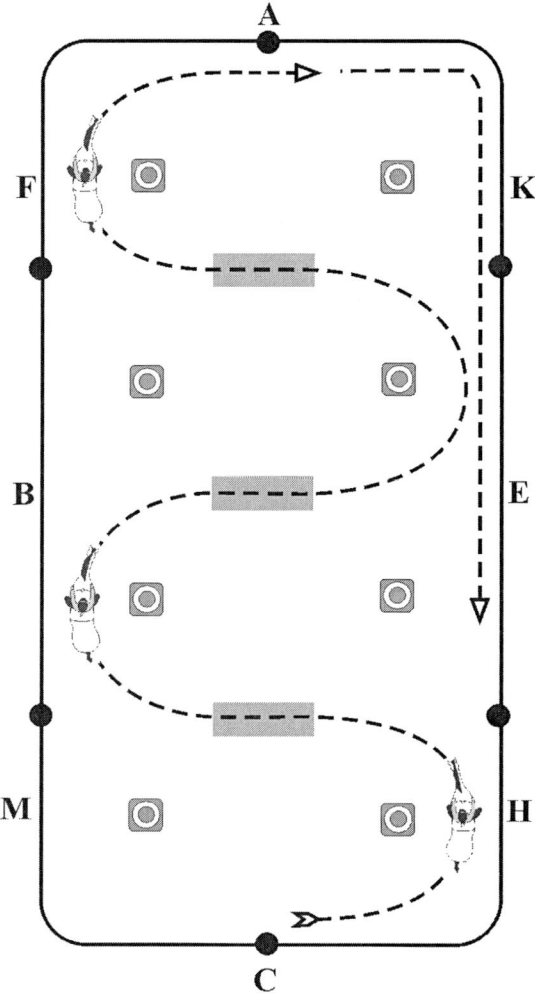

Schlangenlinien durch die ganze Bahn in fünf Bögen

Dies ist eine alte Form von Schlangenlinien. Hier sind die Bögen tropfenförmig angeordnet. Die Bögen nehmen hier mehr als eine halbe Volte ein, sie halten also die Biegung länger aufrecht.
Bei dieser **Schlangenlinie in fünf Bögen** ergibt sich kein Handwechsel. Deshalb sollte diese Übung abwechselnd von der rechten und linken Hand beginnend geritten werden.

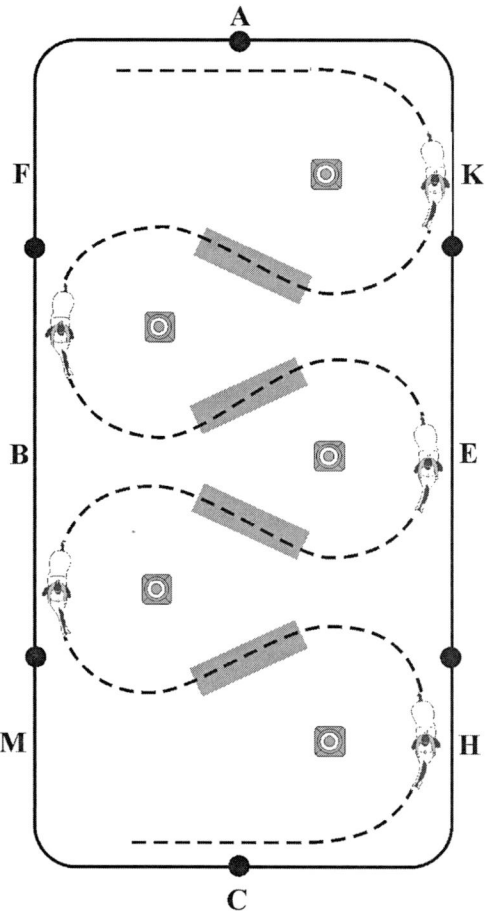

Nu is' aber genug mit Schlangenlinien!

Schlangenlinien mit Volten – Übung 1

Die Bahn mit 5 Pylonen markieren.

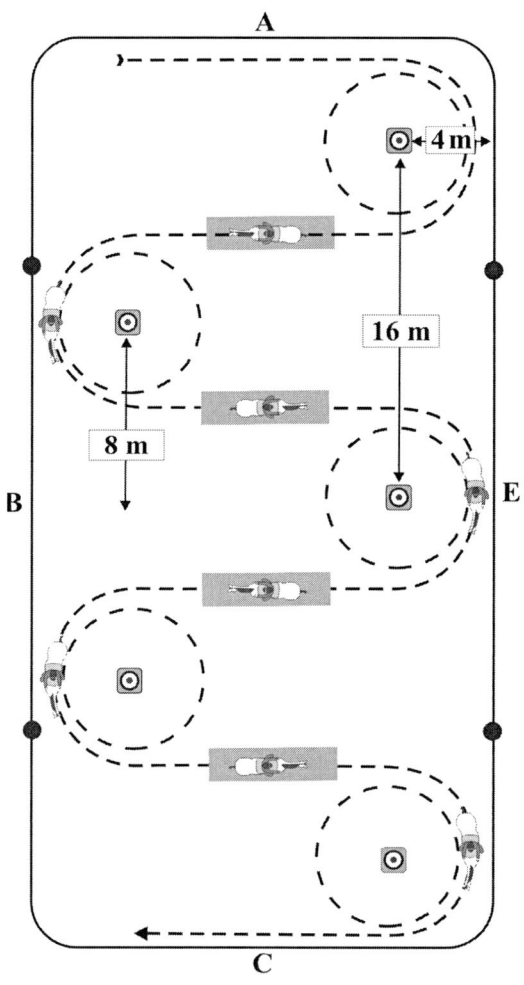

Von der ganzen Bahn kommend, eine Trabvolte um die 1. Pylone reiten.

Dann in gerader Linie auf die andere Bahnseite reiten und dort wieder eine ganze Volte ausführen.

So geht es weiter, bis C.

Dann ganze Bahn und hinter A „Durch die ganze Bahn wechseln" und ab C wieder mit der Übung beginnen.

⇨ Die Volte wurde nur zu Verdeutlichung innen eingezeichnet, die äußere Linie der Volte verläuft auf der Spur der Schlangenlinie.

Schlangenlinien mit Volten – Übung 2

Die Bahn mit den neuen Abständen für die Pylonen markieren.

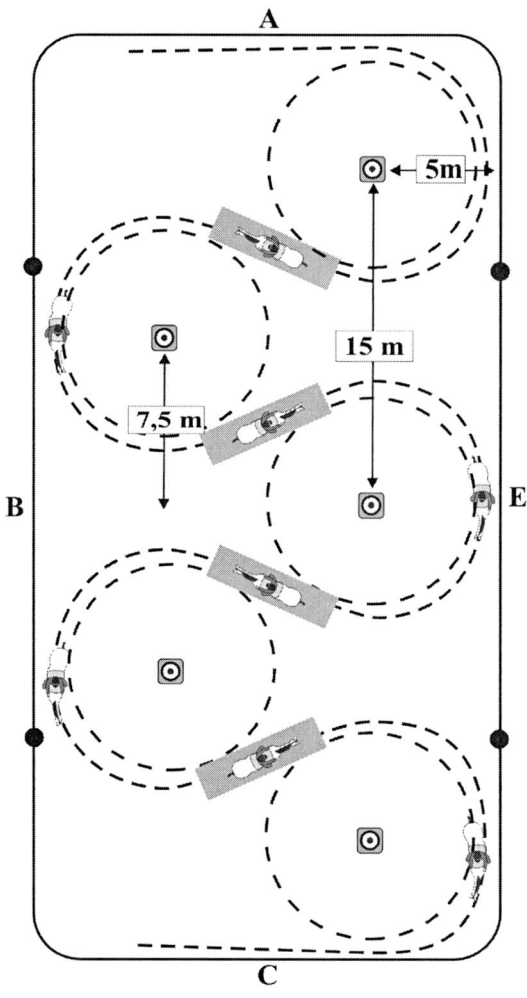

Diesmal den Durchmesser der Volten auf 10 m vergrößern.
Die gerade Linie verläuft jetzt mehr diagonal und ist kürzer.

Nachdem diese Übung anfänglich mit je einer Volte geritten wurde, kann man später selbst entscheiden, ob man die Bögen weiter reitet oder ob man ein, zwei oder drei Volten um die Pylonen reitet.

⇨ **Die Volten wurden nur zu Verdeutlichung innen eingezeichnet, die beiden Spuren sind beim Reiten identisch.**

Präzise Übergänge reiten

Mit Hilfe von Übergängen kann die Durchlässigkeit des Pferdes gefördert und geprüft werden. Übergänge sollen ohne Störung des Bewegungsflusses erfolgen und setzen ein perfektes Zusammenspiel zwischen vortreibenden und zurückhaltenden Hilfen voraus.

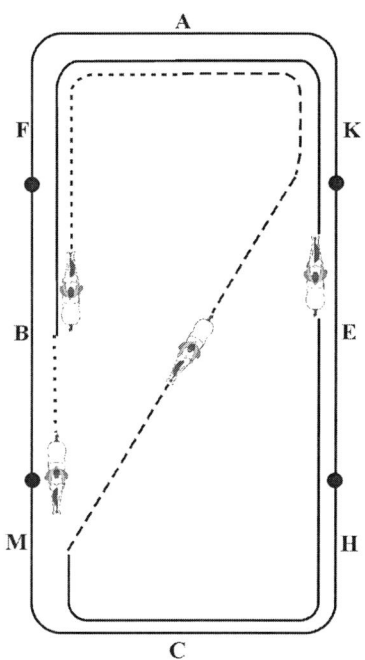

Bei B im Schritt beginnen
Bei A Trab
„Durch die ganze Bahn wechseln"
Vor der Ecke angaloppieren
Galopp bis B
Schritt bis zum 2. Zirkelpunkt

⇨ Zur eigenen Kontrolle sollten Übergangsübungen auf bestimmte Punkte bezogen geritten werden. Aus solchen Übungen ergibt sich die Frage: Wie lange vorher muss ich mein Pferd mit den Hilfen auf den nächsten Übergang vorbereiten? Die Antwort muss jeder Reiter mit seinem Pferd selbst herausfinden und erspüren.

Das richtige Verhältnis von Treiben und Annehmen muss stimmen, um weiche Übergänge reiten zu können. Häufig muss etwa eine Pferdelänge vorher mit der Einwirkung eingesetzt werden, damit der Übergang an der gewünschten Stelle vollzogen wird.

Der Übergang darf keinesfalls im letzten Moment durch starken Zügeleinsatz erzwungen werden!

Weitere Übergänge auf Bahnlinien

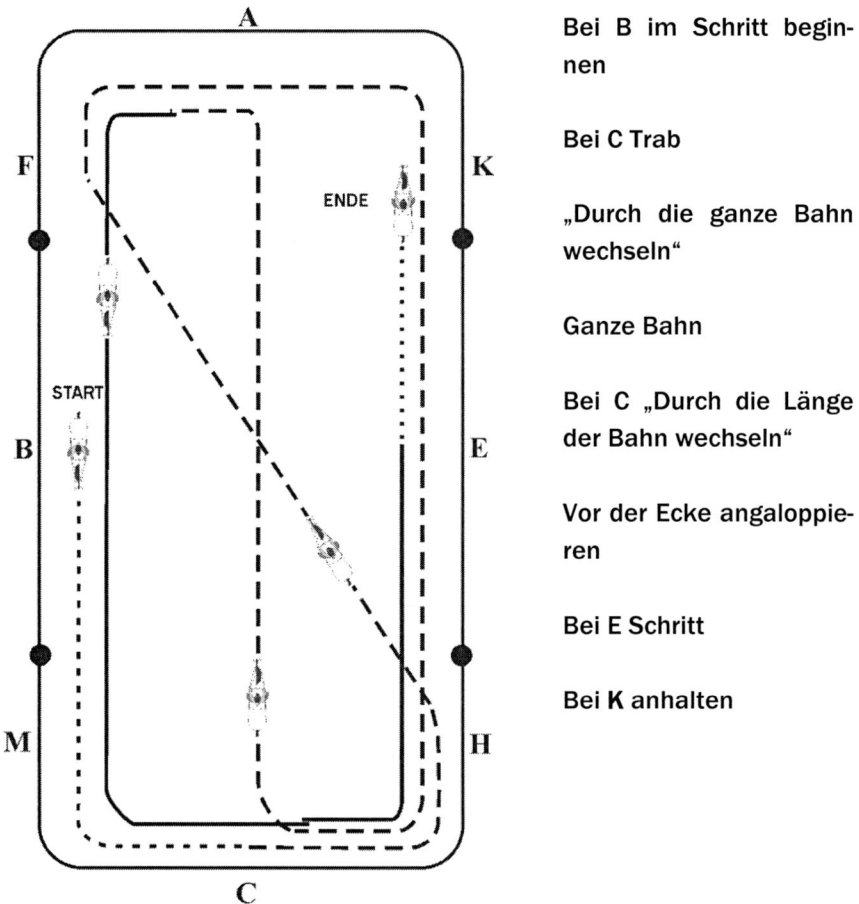

Bei B im Schritt beginnen

Bei C Trab

„Durch die ganze Bahn wechseln"

Ganze Bahn

Bei C „Durch die Länge der Bahn wechseln"

Vor der Ecke angaloppieren

Bei E Schritt

Bei K anhalten

⇨ Solche Übungen sind zur Vorbereitung auf Prüfungen nützlich, aber auch für das kontrolliertere Reiten im Gelände.

Übergänge auf dem Zirkel

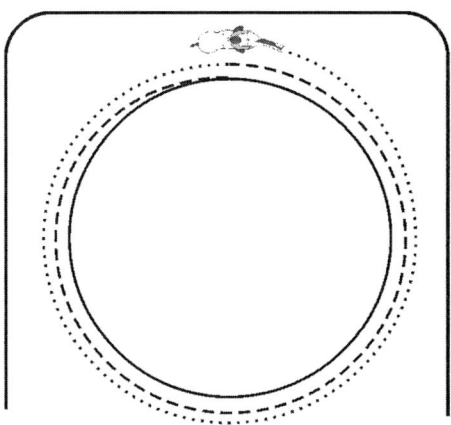

1 Zirkel im Schritt
1 Zirkel im Trab
1 Zirkel im Galopp

Alle Übergänge Mitte der kurzen Seite durchführen.

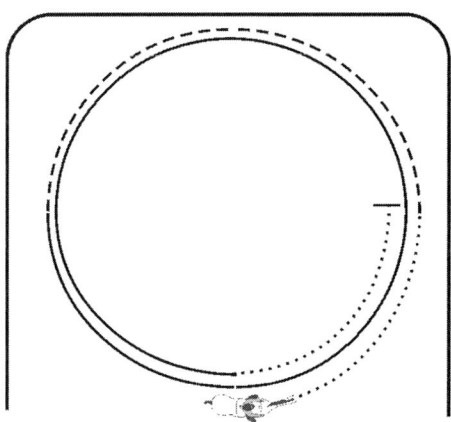

¼ Zirkel im Schritt
½ Zirkel im Trab
1 ¼ Zirkel im Galopp
¼ Zirkel im Schritt
Halten
Ruhig stehen

⇨ Der Schwierigkeitsgrad kann durch zunächst längere, dann kürzere Gangartenwechsel erhöht werden.

Übergänge auf Zirkeln und auf der ganzen Bahn

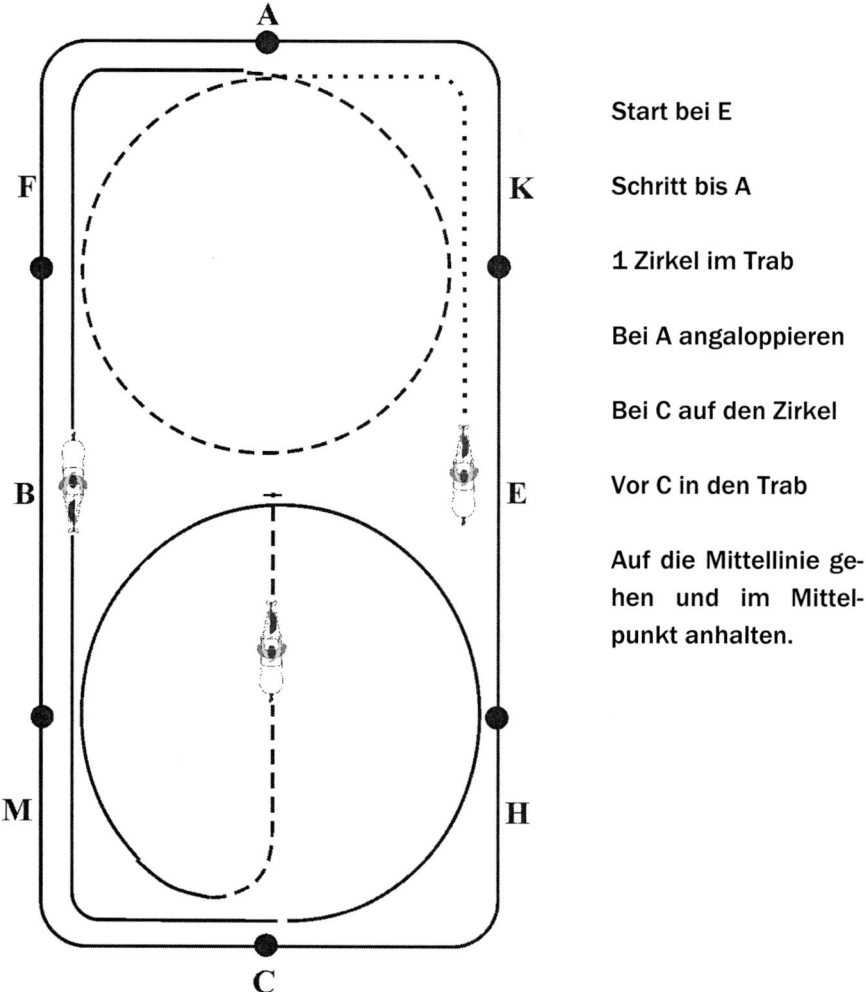

Start bei E

Schritt bis A

1 Zirkel im Trab

Bei A angaloppieren

Bei C auf den Zirkel

Vor C in den Trab

Auf die Mittellinie gehen und im Mittelpunkt anhalten.

⇨ Diese Übung eignet sich gut zur Vorbereitung auf Prüfungen.

Stellung und Biegung

Mit diesen Übungen beginnt sozusagen die fortgeschrittene Ausbildung. Hier ist es notwendig, dass der Reiter die Körperhaltung des Pferdes, seine Kopf- und Halsstellung und gegebenenfalls seine Biegung im Rumpf kontrolliert. Dazu muss er lernen, zwischen Stellung und Biegung zu unterscheiden.

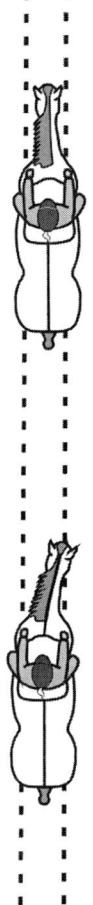

Was ist Stellung?

Das **geradeaus gestellte** Pferd folgt mit seiner Hinterhand der Spur der Vorhand, wie es auf den geraden Stücken des Hufschlags üblich ist. Der Reiter schließt das Pferd mit den Zügeln und den Schenkeln ein. Beide Schenkel befinden sich in der gleichen Lage am Pferdebauch.

Das **gestellte** Pferd folgt ebenfalls mit der Hinterhand der Vorhand auf einer Spur, aber sein Kopf und Hals sind etwas nach innen gestellt. Der Reiter sieht ein wenig von der inneren Backe und den Rand des inneren Auges des Pferdes. Damit das Pferd in dieser Stellung aber nicht in das Bahninnere läuft, sollte der Reiter seinen inneren Schenkel stärker einsetzen.

Was ist Biegung?

Biegung wird durch konsequente Abstimmung von diagonalen Hilfen erreicht. Wie auch beim Stellen darf die Bedeutung der äußeren Hilfen nicht unterschätzt werden.

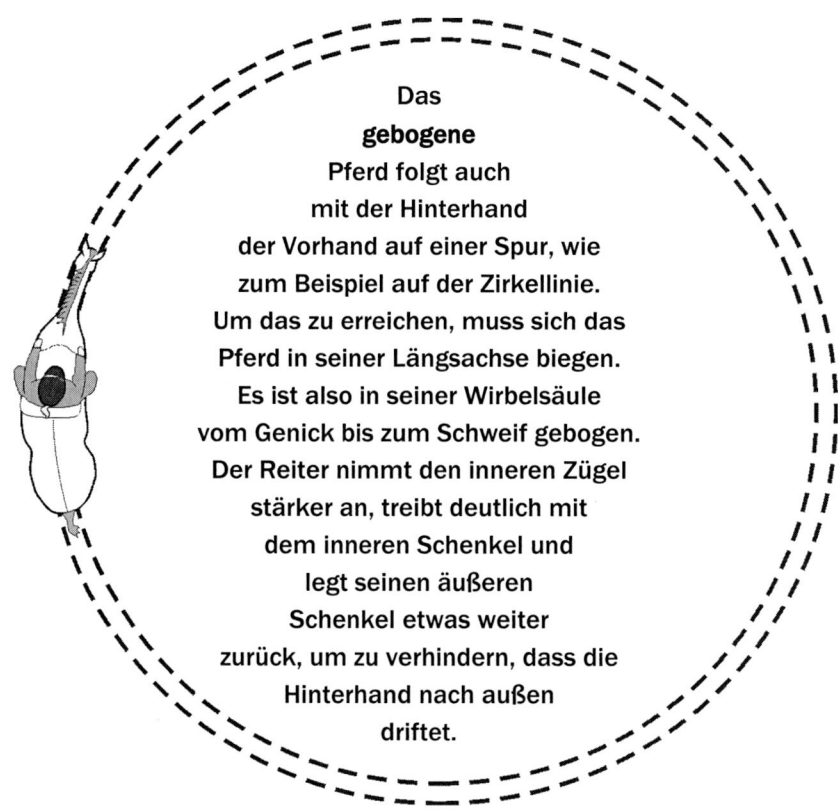

Das **gebogene** Pferd folgt auch mit der Hinterhand der Vorhand auf einer Spur, wie zum Beispiel auf der Zirkellinie. Um das zu erreichen, muss sich das Pferd in seiner Längsachse biegen. Es ist also in seiner Wirbelsäule vom Genick bis zum Schweif gebogen. Der Reiter nimmt den inneren Zügel stärker an, treibt deutlich mit dem inneren Schenkel und legt seinen äußeren Schenkel etwas weiter zurück, um zu verhindern, dass die Hinterhand nach außen driftet.

⇨ Während Stellung ohne Biegung möglich ist, z. B. beim Schenkelweichen, gibt es keine Biegung ohne Stellung.

Leicht nach innen gestellt

Die meisten Pferde, vor allem die jungen, gehen mit der Schulter und dem Kopf näher an der Wand als mit der Hüfte.
Auf der einen Hand ist das oft stärker ausgeprägt als auf der anderen. Das hat etwas mit der „Händigkeit" zu tun, der Rechts- oder Linkshändigkeit.

Um dem entgegenzuwirken und das Pferd zunehmend gerade zu richten, sollte es auch auf den langen Seiten leicht nach innen gestellt sein.

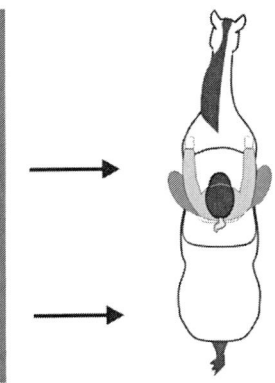

Außerdem ist es nützlich, öfter einmal an den langen Seiten 2 bis 3 m von der Bande weg zu reiten, etwa auf dem dritten Hufschlag.

Die „relative Geraderichtung"

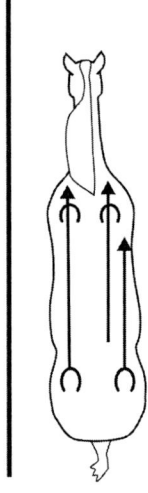

Zum Verständnis:

Die Pferde laufen mit der Vorhand etwas schmaler als mit der Hinterhand.

Es ist also praktisch nicht möglich, die Spur der Vorhand exakt mit der Spur der Hinterhand in eine Linie zu bringen, was eine „absolute Geraderichtung" bedeuten würde.

Wie schon erwähnt, läuft das junge und unausgebildete Pferd mehr mit der Schulter an der Wand, also mit den äußeren Beinen in einer Spur.

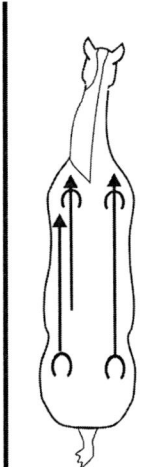

Durch eine leichte Innenstellung kann die innere Vorhand auf die innere Hinterhand ausgerichtet werden, also auf eine Spur.

Das nennt man die „relative Geraderichtung". Sie wirkt der natürlichen Schiefe des Pferdes entgegen.

Schultervor

Schultervor (auch „1. Stellung" genannt) und Reiten in Stellung (auch „2. Stellung" genannt) sind Vorübungen zum Schulterherein und zählen zu den gymnastizierenden Übungen.

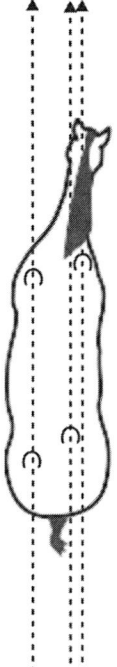

Beim Schultervor soll das Pferd mit dem inneren Hinterbein in Richtung zwischen die beiden Vorderbeine treten. Das äußere Hinterbein spurt auf dem gleichseitigen äußeren Vorderbein. Es ergibt sich eine leichte Rippenbiegung, die verloren geht, wenn die Hinterhand nach außen ausweicht.

Hier muss mit dem äußeren verwahrenden Schenkel eingewirkt werden.

➪ Das häufige Reiten von Schultervor fördert die Durchlässigkeit des Pferdes.

Reiten in Stellung

Der Unterschied zwischen Schultervor und Reiten in Stellung ist minimal. Bei dieser Übung bewegt sich das innere Beinpaar auf einer Linie. Das äußere Hinterbein hingegen spurt ein wenig nach innen.

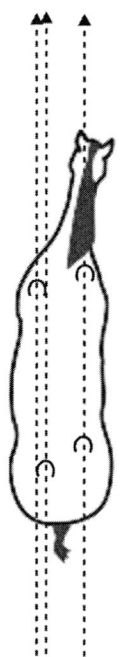

Das Pferd auf den langen Seiten mit Kopf und Hals soweit nach Innen stellen, dass man sein inneres Auge und den Rand der inneren Ganasche (Backe) sehen kann und, soweit es noch möglich ist, auf einem Hufschlag zu bleiben.
Diese Stellung zunächst nur für eine halbe lange Seite (ca. 20 m) aufrecht halten. Dann mit beiden Zügeln nachgeben und das Pferd sich wieder geradeaus stellen lassen.

Die Übung zuerst im Schritt und dann im Trab reiten. Ein Helfer sollte von hinten beobachten und ansagen, wann die Abstellung zu stark ist, das Pferd also nicht mehr auf einem Hufschlag läuft.

⇨ Wichtig ist, dass das Pferd dabei gleichmäßig im Takt seiner Gangart bleibt. Wenn das Pferd im Schritt an Fleiß und im Trab an Schwung verliert, sollte die Kopfabstellung zurückgenommen werden und das Pferd vermehrt vorwärts geritten werden. Das Pferd darf dabei den Kopf nicht schräg halten. Man würde das "sich im Genick verwerfen" nennen.

Schulterherein

Aus der Übung "Reiten in Stellung" heraus wird das Pferd nun soweit nach innen gestellt, dass die innere Vorhand eine eigenen Spur beschreibt.

Auch hier sollte ein Helfer Anweisungen geben, wann die drei Spuren erreicht sind. Also auch, wann es zu viel und wann zu wenig ist.

Diese Stellung wird erreicht, indem der innere Zügel für die Stellung sorgt, während der äußere verwahrende Zügel etwas nachgibt, um die äußere Schulter vorzulassen.
Der innere Schenkel treibt das Pferd am Gurt vorwärts, der äußere liegt verwahrend hinter dem Gurt, um das äußere Hinterbein zu kontrollieren.

⇨ Das Pferd darf keinesfalls stärker mit dem inneren Zügel nach innen gezogen werden.

Fehler beim Schulterherein

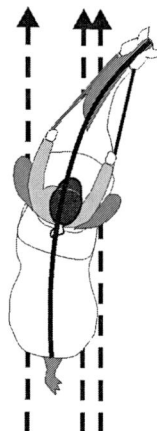

Hier ist der innere Zügel zu stark angenommen. Das Pferd wendet den Hals sehr stark, kommt aber mit der inneren Schulter nicht auf eine deutliche eigene Spur.

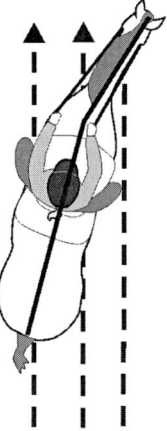

Hier wird der innere Zügel zu stark gegen den Hals gezogen. Das Pferd hat einen Knick im Hals und keine Rippenbiegung.

Richtig!
Hier sind drei gleichmäßige Spuren und die Biegung geht durch das ganze Pferd.

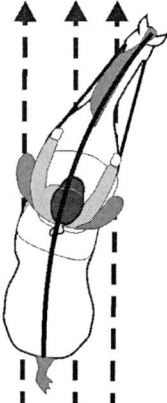

Schulterherein aus der Ecke entwickeln

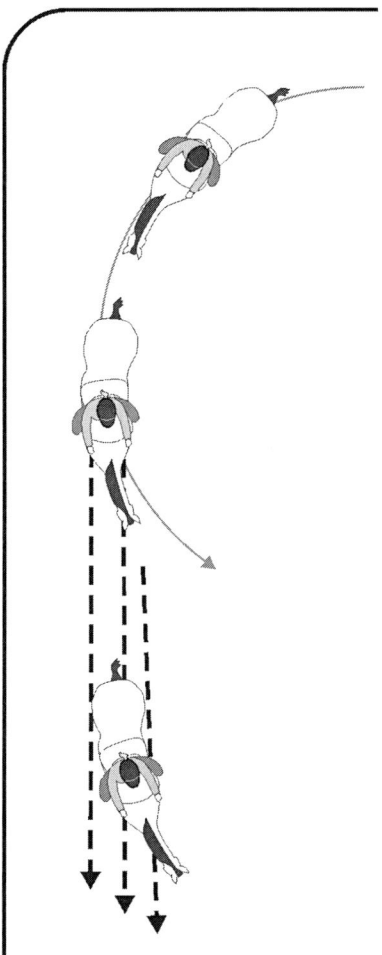

Das Pferd gebogen durch die Ecke reiten.

Anschließend eine ganze Volte reiten.

Aus der Volte heraus, jetzt in der Ecke beginnend, weiterhin mit dem gebogenen, nach innen gestellten Pferd geradeaus reiten.

Das Pferd weiter nach innen richten, so dass drei Spuren entstehen:

Die innere Vorderhand läuft auf einer eigenen Spur, die innere Hinterhand spurt auf die äußere Vorderhand und die äußere Hinterhand läuft auf einer eigenen Spur.

Schenkelweichen

Durch Schenkelweichen werden Hilfeverständnis und Hilfegehorsam verbessert. Es gehört zu den lösenden Übungen und fördert die Durchlässigkeit des Pferdes.

Diese Lektion sollte in Ruhe Schritt für Schritt entwickelt werden. Wenn das Pferd richtig seitwärts tritt, kann man es einen Moment ruhig stehen lassen und loben. Es muss nicht gleich eine flüssige Bewegung über eine längere Strecke sein.-

Die Fußfolge beim Schenkelweichen ist die gleiche wie im Schritt. Nach rechts geritten ergibt sich folgende Fußfolge:
1. Der linke Hinterfuß kreuzt vor dem rechten Hinterfuß.
2. Der linke Vorderfuß kreuzt vor dem rechten Vorderfuß.
3. Der rechte Hinterfuß wird wieder rechts neben den linken Hinterfuß gestellt.
4. Der rechte Vorderfuß wird wieder rechts neben den linken Vorderfuß gestellt.

Phase zwei und drei werden wegen der Balance des Pferdes meistens fast gleichzeitig ausgeführt.

⇨ Wenn bei diesen Übungen von „innen" und „außen" beim Pferd die Rede ist, ist damit stets die Innen- und die Außenseite der Biegung gemeint. In diesem Fall liegt die Innenseite an der Bande!

Schenkelweichen

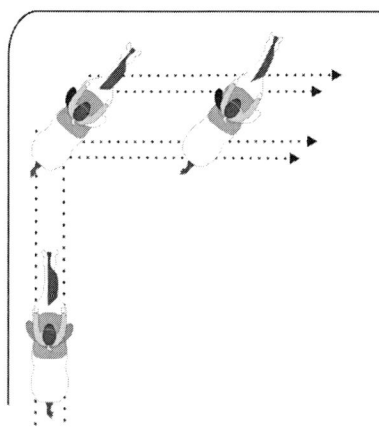

Von der langen Seite kommend auf die Ecke zureiten und in einem Winkel von ungefähr 45° zur Bande mit der Hilfengebung beginnen.

Dabei Kopf und Hals des Pferdes etwas mehr nach innen stellen. Mit dem inneren Schenkel etwas hinter dem Gurt das Pferd schrittweise seitwärts treiben. Der äußere Schenkel liegt verwahrend hinter dem Gurt und verhindert, dass die Hinterhand zu weit herumtritt. Der Körperschwerpunkt des Reiters liegt vermehrt innen.

Erst wenn diese Übung im Schritt flüssig geritten werden kann, sollte man sie im Trab reiten. Dabei das Pferd in einem geringeren Winkel zur Bande stellen.

Schenkelweichen ohne Bande

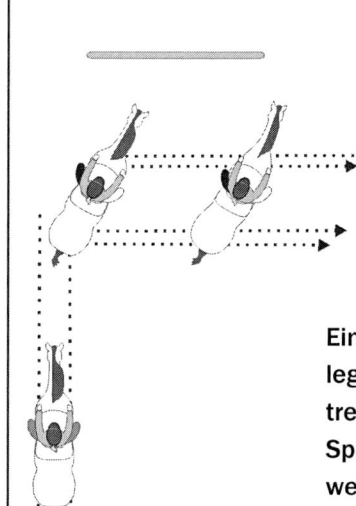

Eine Bodenstange im rechten Winkel zur Bande legen und das Pferd **vor** dieser Stange seitwärts treten lassen.

Später, wenn das gut klappt, die Stange ganz weglassen.

Schenkelweichen Kopf in die Bahn

Anspruchsvoller ist Schenkelweichen mit dem Kopf in die Bahn, denn hier steht nicht die Begrenzung nach vorne durch die Bande zur Verfügung.

Diese Übung beginnt mit Schenkelweichen zur Bande nach rechts (untere Grafik). Das wird „Schenkelweichen links" genannt, da der linke Schenkel treibt.

Anschließend wird das Pferd wieder geradegestellt und mit „Schenkelweichen rechts" nach links getrieben.

⇨ Schenkelweichen mit dem Kopf in die Bahn kann auch eingeleitet werden, indem man nach Durchreiten der Ecke auf die Diagonale geht, gerade soweit, bis das Pferd die richtige Abstellung im Winkel von 45° hat.

Gamaschen und Hufglocken vermeiden Verletzungen beim seitwärts treten.

Schenkelweichen auf der ganzen Bahn entwickeln

Diese Übung hilft, das Schenkelweichen aus der Bewegung zu entwickeln. Die Übung auf beiden Seiten der ganzen Bahn und auf beiden Händen reiten.

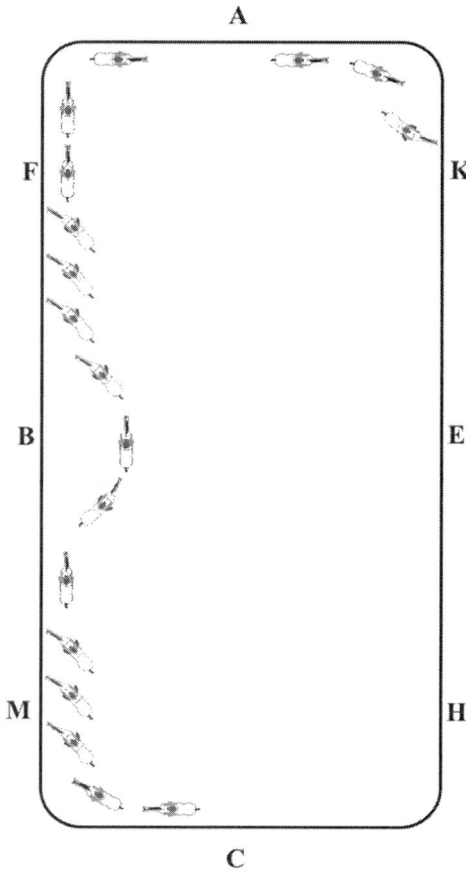

⇨ Bei dieser Übung am Anfang das Pferd, wenn es verstanden hat, was es soll, sofort dadurch belohnen, dass es gelobt und wieder gerade gerichtet wird. Erst danach die Übung fortsetzen.
⇨ Wenn die Übung im Schritt flüssig geritten werden kann, im Trab versuchen.

Schenkelweichen diagonal durch die Bahn

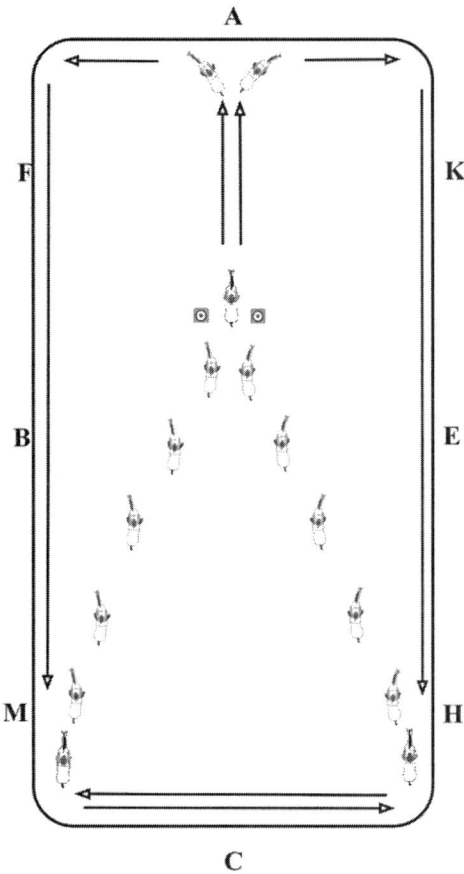

1. Auf der linken Hand von der kurzen Seite kommend beim Wechselpunkt H im Schenkelweichen auf der Diagonalen bis vor die Pylonen reiten.
2. Zwischen den Pylonen das Pferd gerade richten und bei A auf die rechte Hand abbiegen und ganze Bahn gehen.
3. Nach der kurzen Seite beim Wechselpunkt M im Schenkelweichen auf der Diagonalen bis vor die Pylonen reiten.
4. Zwischen den Pylonen das Pferd gerade richten und bei A auf die linke Hand abbiegen und ganze Bahn gehen.

Viereck verkleinern und vergrößern

Führt ein Pferd Schenkelweichen willig aus, kann diese Übung geritten werden, um Verständnis und Gehorsam gegenüber seitwärts wirkender Schenkelhilfen weiter zu festigen.

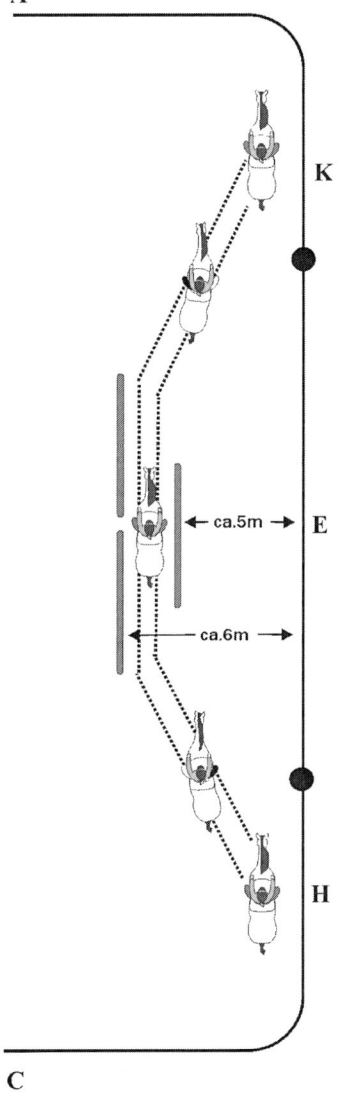

Beim ersten Buchstaben der langen Seite das Pferd vorwärts-seitwärts (wie beim Schenkelweichen) in Richtung Bahnmittelpunkt bis zu den beiden Bodenstangen treiben.

Dann zwei bis drei Pferdelängen geradeaus reiten und wieder vorwärts-seitwärts zum Hufschlag zurück.

Die Übung vorerst im Schritt reiten, erst wenn das gut klappt, im Trab.

Zwischendurch das Pferd in gleichmäßigem Tempo auf der ganzen Bahn reiten, denn die Übung ist anstrengend und erfordert Konzentration.

⇨ Es ist wichtig, den Fleiß in der jeweiligen Gangart zu erhalten.

Slalom-Schenkelweichen um Pylonen

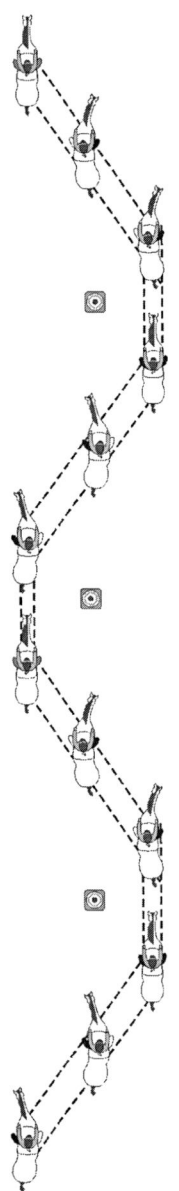

Diese Übung baut auf der vorhergehenden auf:

5 Pylonen in 8 Meter Abstand auf die Mittellinie der Reitbahn aufstellen und im Schenkelweichen hindurchreiten.

Erst wenn das im Schritt gut klappt, sollte man versuchen, die Übung im Trab zu reiten.

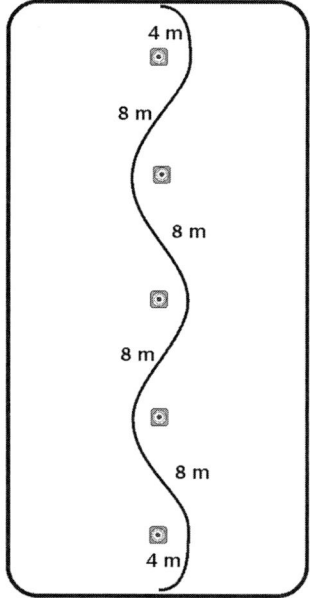

⇨ **Sollte die Übung im Trab problematisch sein, die Übung wieder im Schritt reiten, bis die Übereinstimmung mit dem Pferd wieder hergestellt ist.**

Kruppeherein oder Travers

Diese Übung sollte erst geritten werden, wenn es keine Probleme mehr beim Schulterherein gibt.

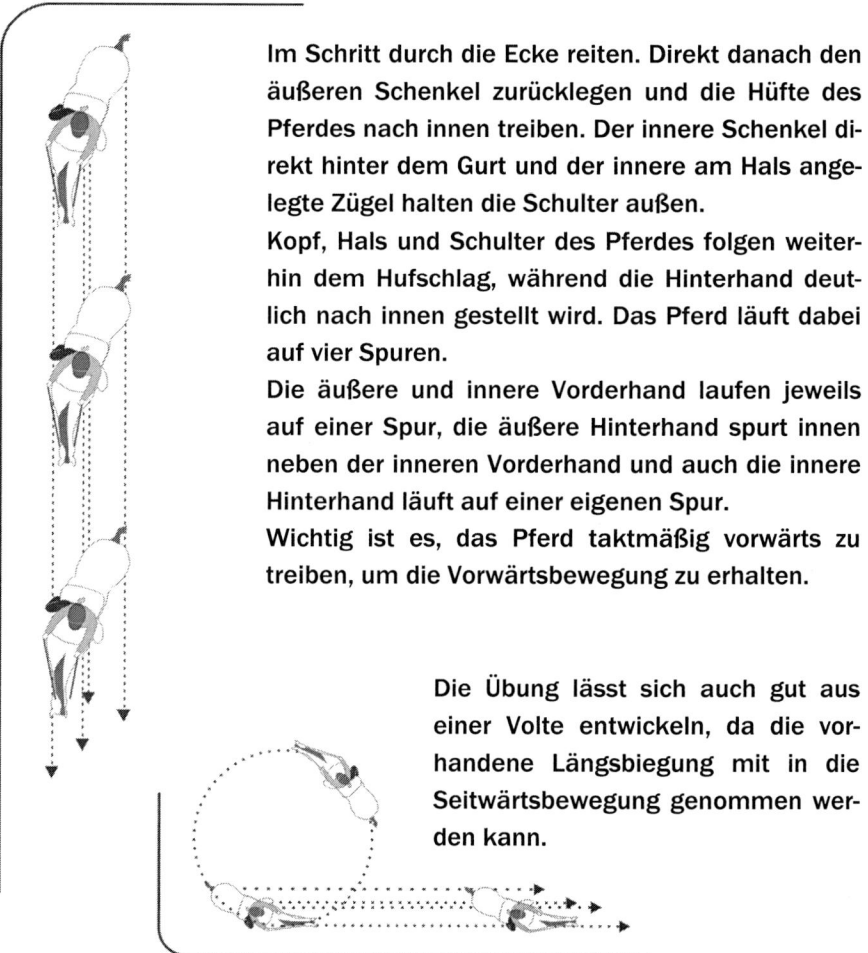

Im Schritt durch die Ecke reiten. Direkt danach den äußeren Schenkel zurücklegen und die Hüfte des Pferdes nach innen treiben. Der innere Schenkel direkt hinter dem Gurt und der innere am Hals angelegte Zügel halten die Schulter außen.

Kopf, Hals und Schulter des Pferdes folgen weiterhin dem Hufschlag, während die Hinterhand deutlich nach innen gestellt wird. Das Pferd läuft dabei auf vier Spuren.

Die äußere und innere Vorderhand laufen jeweils auf einer Spur, die äußere Hinterhand spurt innen neben der inneren Vorderhand und auch die innere Hinterhand läuft auf einer eigenen Spur.

Wichtig ist es, das Pferd taktmäßig vorwärts zu treiben, um die Vorwärtsbewegung zu erhalten.

Die Übung lässt sich auch gut aus einer Volte entwickeln, da die vorhandene Längsbiegung mit in die Seitwärtsbewegung genommen werden kann.

⇨ **Diese Lektion sollte zum Verständnis der grundsätzlichen Hilfengebung zunächst im Schritt geübt werden. Ihr gymnastischer Zweck eröffnet sich aber erst im Trab und später im Galopp. Sie verbessert nachhaltig die Qualität von Trab und Galopp.**

Hilfengebung für Kruppeherein oder Travers

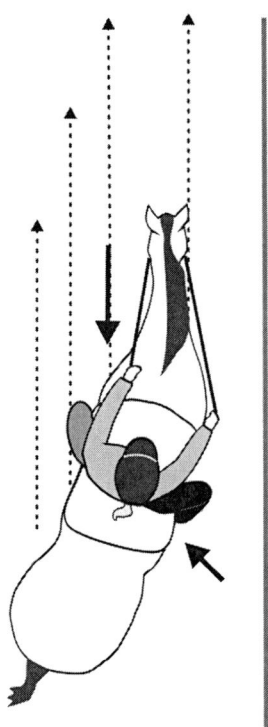

Hier ist noch einmal die Hilfengebung verdeutlicht:

Der innere Gesäßknochen wird belastet.
Der innere Schenkel am Gurt sorgt für die Rippenbiegung und unterstützt den Takt.
Der zurückgelegte äußere Schenkel bringt die Hüfte nach innen und sorgt für die Seitwärtsbewegung des Pferdes.
Der angenommene innere Zügel stellt das Pferd und wirkt seitwärtsweisend.
Der äußere verwahrende Zügel begrenzt die Stellung des Pferdes.

⇨ Eine Traversale ist ein Travers entlang einer diagonalen Linie und wird im versammelten Trab oder versammelten Galopp geritten. Die Hilfengebung für die Traversale entspricht dem des Travers. Wichtig ist hierbei ein ausbalancierter ruhiger Sitz des Reiters.

Vorübungen zur Vorhandwendung

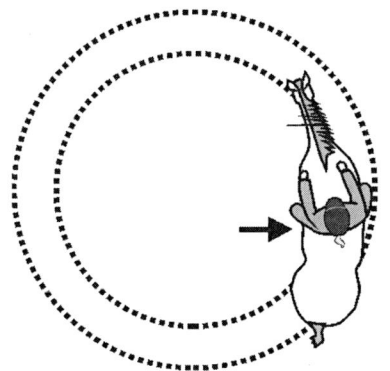

In der ersten Vorübung eine kleine Schrittvolte in der Mitte der Bahn reiten.
Mit dem deutlich zurückgelegten inneren Schenkel das Pferd mit der Hinterhand nach außen treiben.

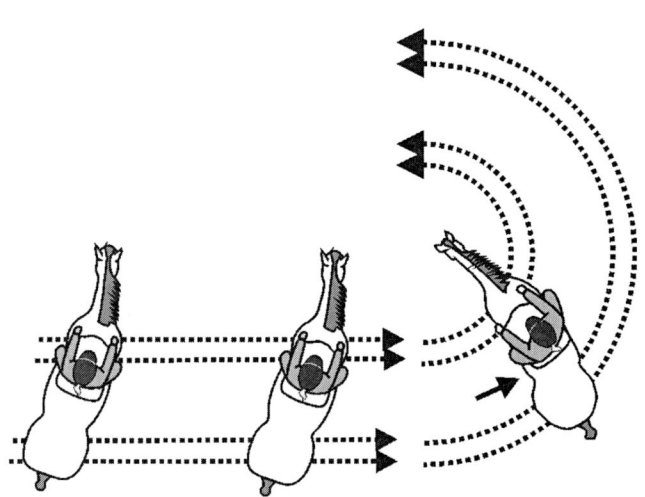

In der zweiten Vorübung aus dem Schenkelweichen heraus das Pferd mit dem inneren Schenkel in einen Halbkreis treiben.
Nach dieser Übung das Pferd kurz ruhig stehen lassen und loben.

Vorhandwendung

Bei der Vorhandwendung dreht sich das Pferd um sein inneres Vorderbein. Das äußere Vorderbein beschreibt einen kleinen Kreis um das innere Vorderbein. Die Hinterhand bewegt sich im Bogen um die Vorhand und kreuzt dabei vorwärts-seitwärts vor dem äußeren Hinterbein.

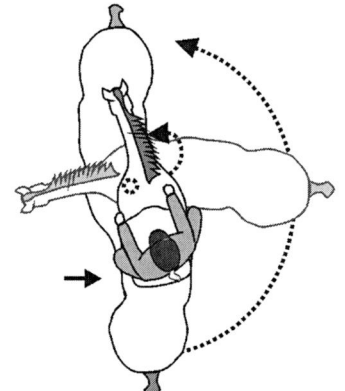

Der innere Gesäßknochen wird belastet und der innere Zügel leicht angenommen. Der innere Schenkel treibt die Hinterhand um die Vorhand herum. Der verwahrende äußere Schenkel begrenzt das Pferd, so dass es nicht zu stark seitwärts treten kann.

Also wie jetzt?

⇨ Eine Vorhandwendung kann nicht vom Hufschlag aus direkt neben der Bande ausgeführt werden. Das Pferd muss sich vor der Wendung mindestens auf dem zweiten Hufschlag befinden.

⇨ Das Pferd sollte zu Beginn der Übung alle vier Füße gleichmäßig belastend stehen. Nur ein Pferd, das seine Füße gleichmäßig belastet, ist in der Lage, von Anfang an eine korrekte Drehung auszuführen.

⇨ Vorwärtstreten ist ebenso wie Rückwärtstreten ein Fehler, da das Pferd dann nicht mit den Hinterbeinen korrekt seitwärts übertreten kann.

Hinterhandwendung aus dem Schenkelweichen

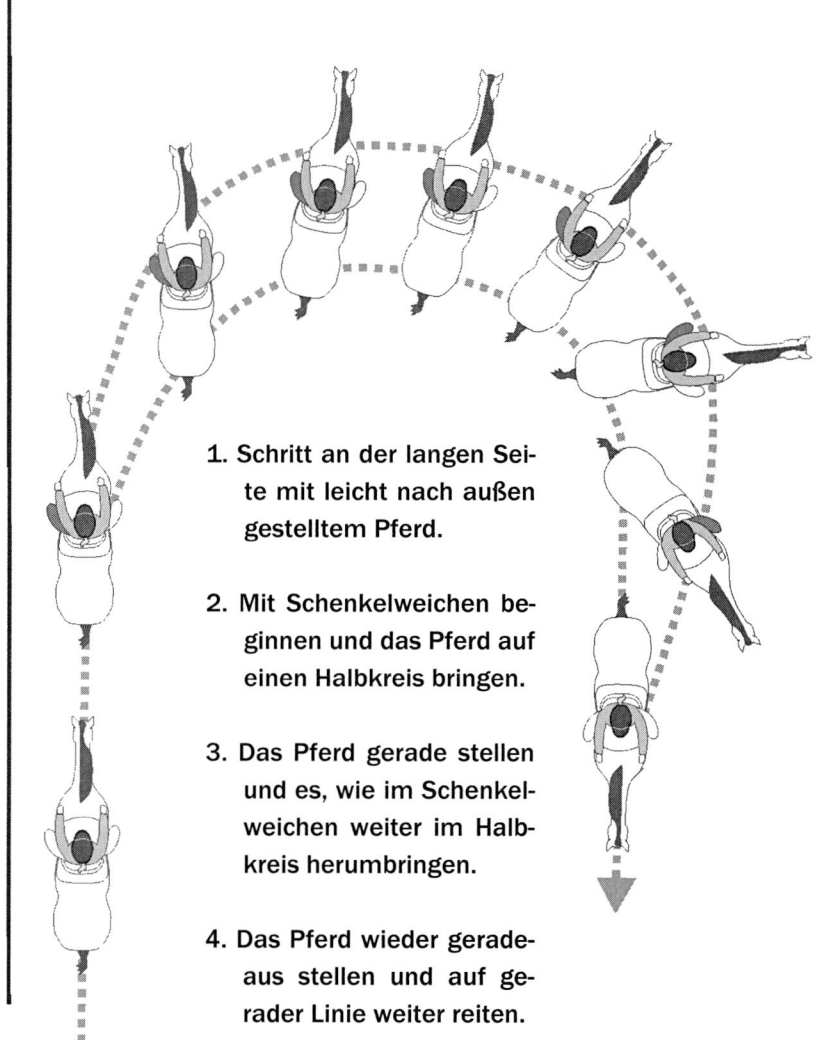

1. Schritt an der langen Seite mit leicht nach außen gestelltem Pferd.

2. Mit Schenkelweichen beginnen und das Pferd auf einen Halbkreis bringen.

3. Das Pferd gerade stellen und es, wie im Schenkelweichen weiter im Halbkreis herumbringen.

4. Das Pferd wieder geradeaus stellen und auf gerader Linie weiter reiten.

⇨ Natürlich sollen solche Übungen auf beiden Händen abwechselnd durchgeführt werden, wobei ein Handwechsel erst dann vorgenommen werden sollte, wenn auf der einen Hand ein gewisser Fortschritt zu verspüren ist.

Hinterhandwendung aus der Bewegung heraus

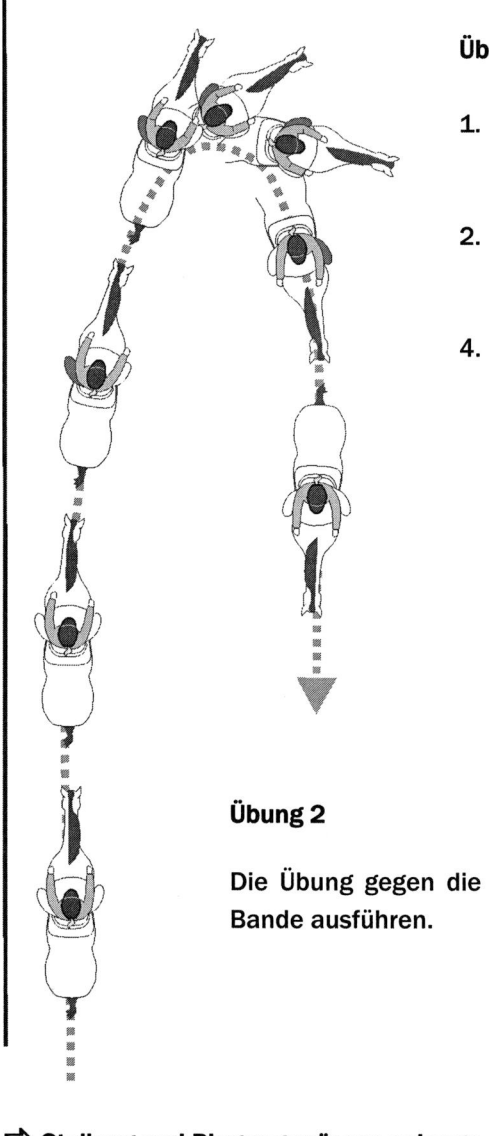

Übung 1

1. Schritt an der langen Seite mit leicht nach innen gestelltem Pferd.
2. Das Pferd zurückhalten, stärker nach innen stellen und taktmäßig in die Wendung treiben.
4. Das Pferd wieder gerade stellen und in gerader Linie weiter reiten.

Übung 2

Die Übung gegen die Bande ausführen.

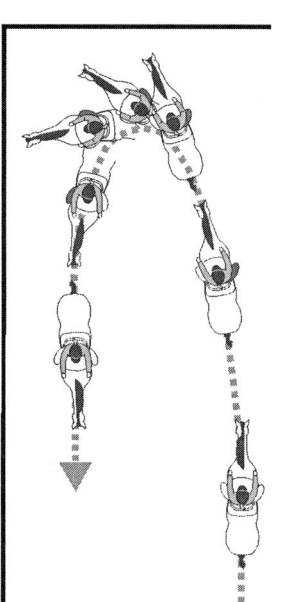

⇨ **Stellung und Biegung müssen solange gehalten werden, bis die Wendung beendet ist.**

Hinterhandwendung aus dem Halten

Bei der **Hinterhandwendung** läuft das Pferd langsam und taktmäßig mit der Vorhand um die Hinterhand, deren innerer Hinterfuß stationär taktmäßig fußen soll und deren äußerer Hinterfuß einen kleinen Kreis beschreibt.

Das Pferd aus dem Halten leicht nach innen stellen und eine leichte Vorwärtshilfe geben, ohne es vorwärts treten zu lassen. Dabei den inneren Gesäßknochen vermehrt belasten.

Der innere Schenkel liegt dabei vortreibend am Gurt. Gemeinsam mit dem verwahrenden äußeren Schenkel soll er das Pferd zum taktmäßigen Abfußen der Hinterbeine veranlassen.

Der innere Zügel leitet die Wendung ein, der äußere begrenzt die Biegung.

Das Pferd hat korrekt gedreht, wenn es nach der Wendung eine Spurbreite neben dem Hufschlag steht.

⇨ Darauf achten, ob das Pferd mit den Vorderbeinen geschlossen steht oder ob ein Bein weiter vorsteht. Steht das äußere Bein leicht vor, kann das Pferd besser kreuzen.

⇨ Die Hinterhandwendung ist in der Fußfolge eine Vorwärtsbewegung und somit ein Viertakt. Sie darf keinesfalls eine Rückwärtsbewegung werden!

⇨ Nicht aus einer Rückwärtsbewegung drehen, weil das Pferd sonst mit dem äußeren Vorderbein hinter das innere tritt und dann eine falsche Fußfolge entwickelt.

Hinterhandwendung – Korrekturübung

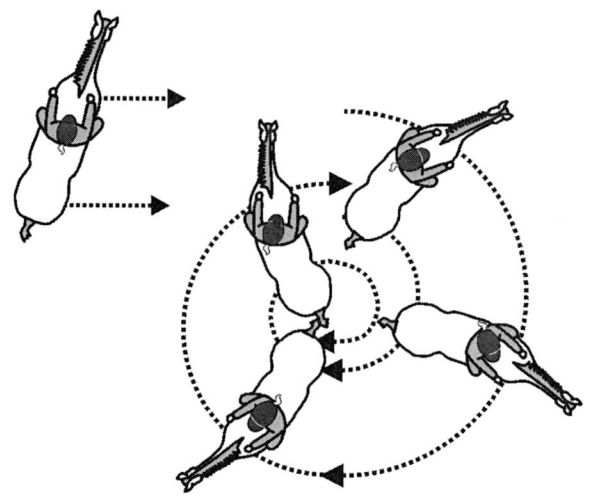

Diese Übung wird aus dem Schenkelweichen entwickelt und geht in eine traversähnliche Stellung über. Während der aktive äußere Schenkel weiterhin treibt, wird die Vorhand mit den Zügeln langsam nach innen gebracht, wobei eine Volte entsteht, bei der die Vorhand einen größeren Kreis als die Hinterhand beschreibt. Dieser Kreis wird jetzt weiter verkleinert, bis sich der innere Hinterfuß auf der Stelle bewegt.

⇨ **Diese Übung ist gut zur Korrektur von Pferden geeignet, die auf dem falschen Bein drehen.**

Fehler bei der Hinterhandwendung

Ein unzureichend gymnastiziertes Pferd weicht in einer engen Wendung mit der Hüfte nach außen aus. Dadurch entsteht eine Mittelhandwendung, die fehlerhaft ist.

⇨ **Achtung:** Die Mittelhandwendung kann auch das Resultat falscher Hilfen sein.

Die häufigsten Ursachen sind:

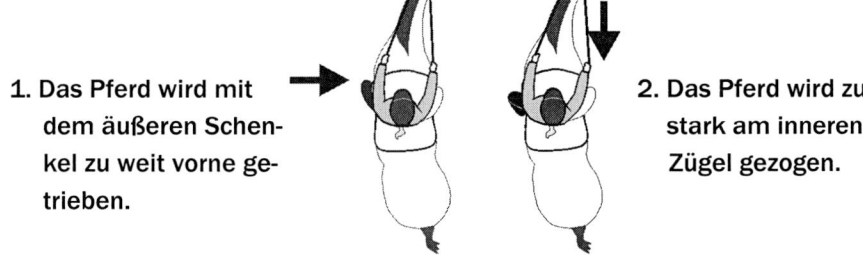

1. Das Pferd wird mit dem äußeren Schenkel zu weit vorne getrieben.

2. Das Pferd wird zu stark am inneren Zügel gezogen.

Bewegungsphasen im Rechtsgalopp

Beim Angaloppieren kommt es zunächst darauf an, den richtigen Handgalopp einzuleiten. Dabei greift das Pferd mit beiden inneren Beinen weiter vor als mit den äußeren.

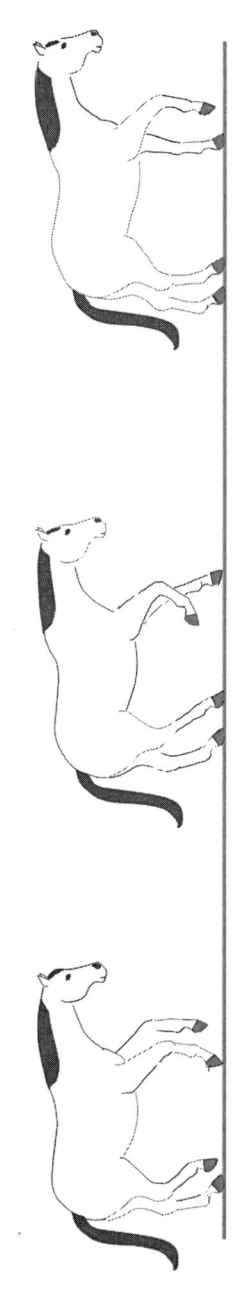

Das Pferd stößt sich hinten links ab und erhebt sich. (Angaloppierphase)

Es landet mit dem diagonalen Beinpaar und ist mit drei Beinen auf dem Boden.

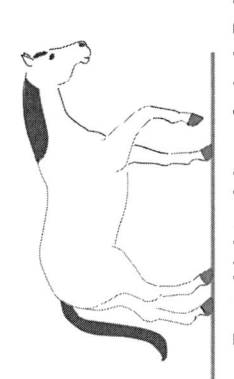

Es schiebt sich auf drei Beinen nach vorne.

Es hebt sich hinten und hat beide Hinterbeine in der Luft.

Es hat sich vorne abgestoßen und hat alle Beine in der Luft.

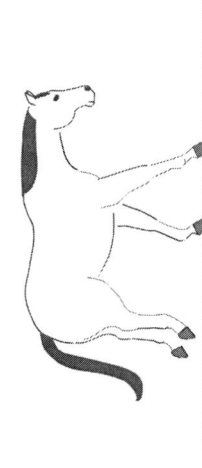

Es landet mit dem linken Hinterbein und der Rhythmus beginnt von vorne.

Die führende Seite im Handgalopp

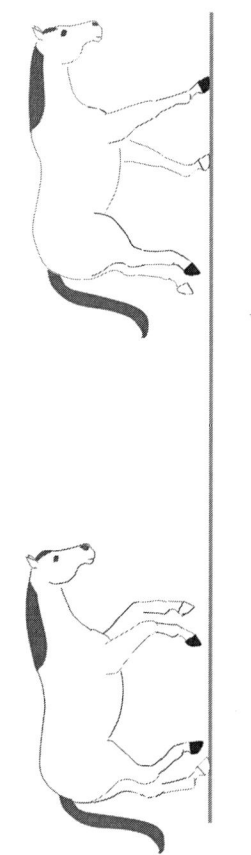

Im Rechtsgalopp greifen bei Bodenberührung das rechte Hinter- und das rechte Vorderbein weiter vor als die beiden linken.

Angaloppieren über Kruppeherein

Gelegentlich spricht ein Pferd auf die üblichen Hilfen nicht an, bzw. führen diese Hilfen nicht zum gewünschten Ergebnis, dem richtigen Handgalopp. In dem Fall muss dem Pferd wie bei anderen Übungen auch, auf eine ihm verständliche Weise vermittelt werden, was es tun soll. Je besser es ausgebildet ist, umso eher wird es den korrekten Hilfen später folgen.

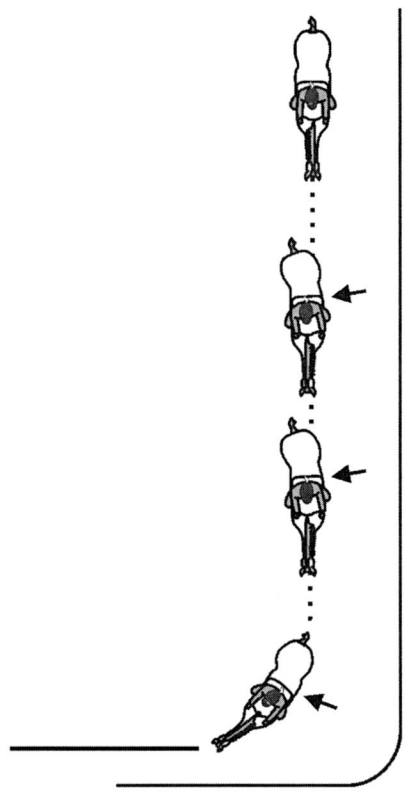

Die Hinterhand (die Hüfte) des Pferdes wird bei dieser Übung weiter nach innen gestellt, um das weitere Vorgreifen der beiden inneren Beine zu unterstützen.

Das Pferd auf der langen Seite im Bereich des letzten Bahnbuchstabens mit der Hüfte (Kruppe) nach innen bringen.

Das Pferd in dieser Position aktivieren und in der Ecke angaloppieren.

Wenn das auf beiden Händen gut klappt, kann mit der Vorbereitung zum Angaloppieren wesentlich früher begonnen werden und deutlich vor der Ecke angaloppiert werden.

Angaloppieren aus dem Schenkelweichen

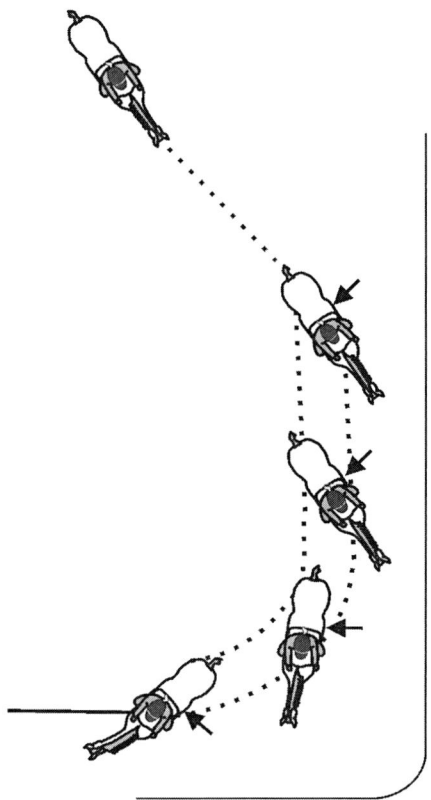

„Durch die ganze Bahn wechseln" im Schritt.

Beim Ankommen an der Bande einige Schritte in der Position des Schenkelweichens reiten. Dabei sollen Kopf und Hals vorerst möglichst gerade gestellt sein. Kurz hinter der Ecke das Pferd auch unter Hinzunahme der Stimmhilfe in den Galopp hineintreiben.

⇨ Diese Übung ist eine gute Hilfe für Pferde, die auf einer Hand ein Problem haben, richtig anzugaloppieren.
⇨ Mit fortschreitender Ausbildung soll das Pferd dann aber immer weniger nach außen gestellt werden.

Aus der Volte heraus angaloppieren

Diese Übung ist ebenfalls gut für Pferde geeignet, die ein Problem haben, im richtigen Handgalopp anzugaloppieren.

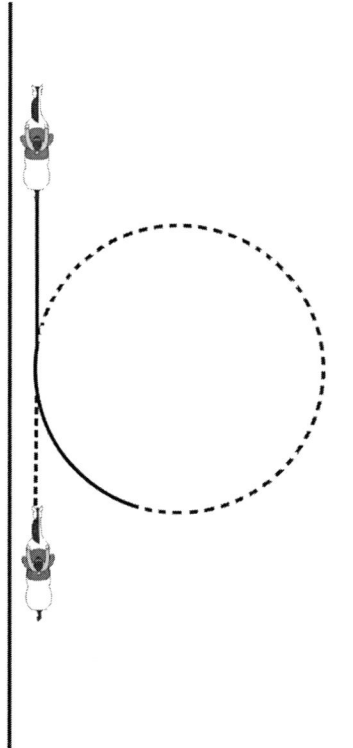

Im Schritt eine Volte reiten. Wenn ca. ¾ der Volte beendet ist und das Pferd bereits wieder auf den Hufschlag zuläuft, das Pferd auch unter Hinzunahme der Stimmhilfe in den Galopp hineintreiben.

Angaloppieren auf der Mittellinie

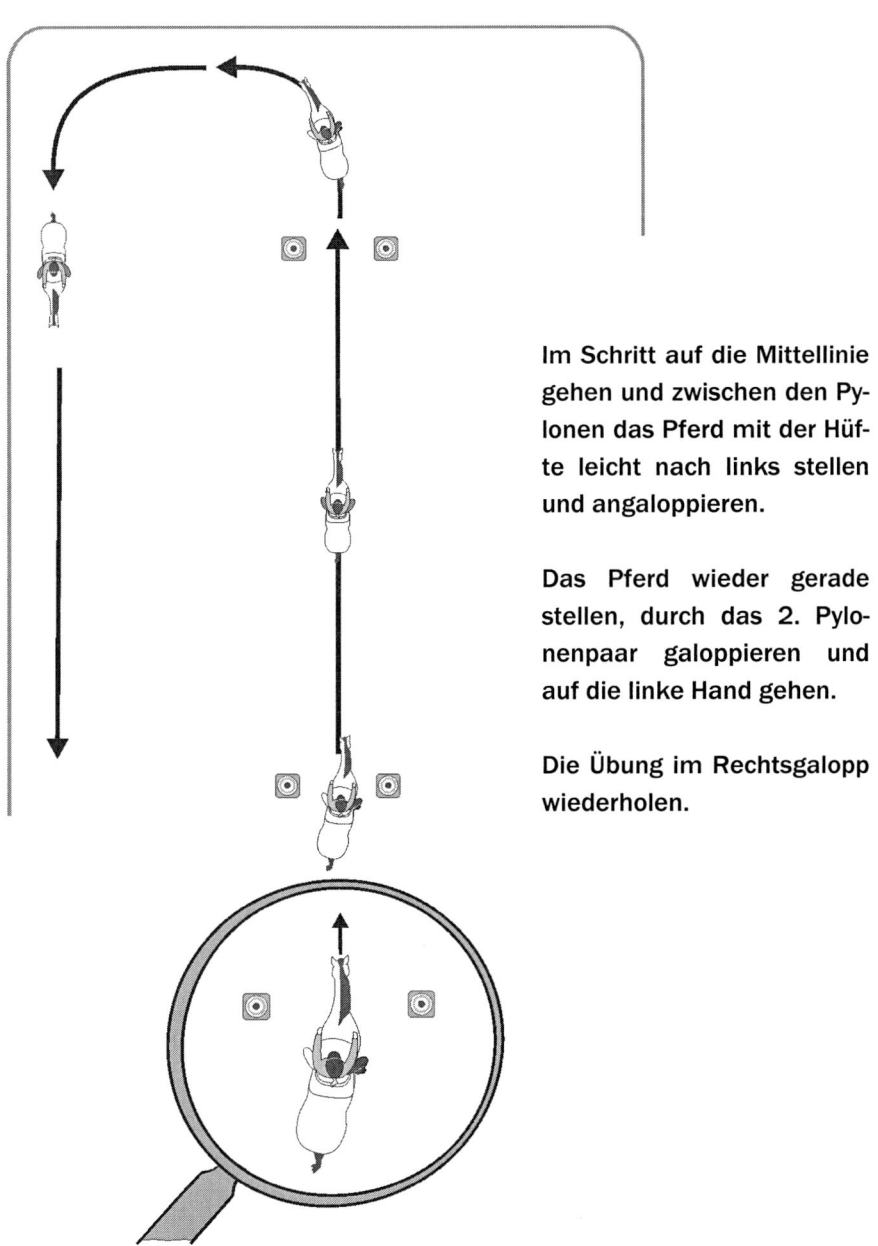

Im Schritt auf die Mittellinie gehen und zwischen den Pylonen das Pferd mit der Hüfte leicht nach links stellen und angaloppieren.

Das Pferd wieder gerade stellen, durch das 2. Pylonenpaar galoppieren und auf die linke Hand gehen.

Die Übung im Rechtsgalopp wiederholen.

Mittelzirkel reiten

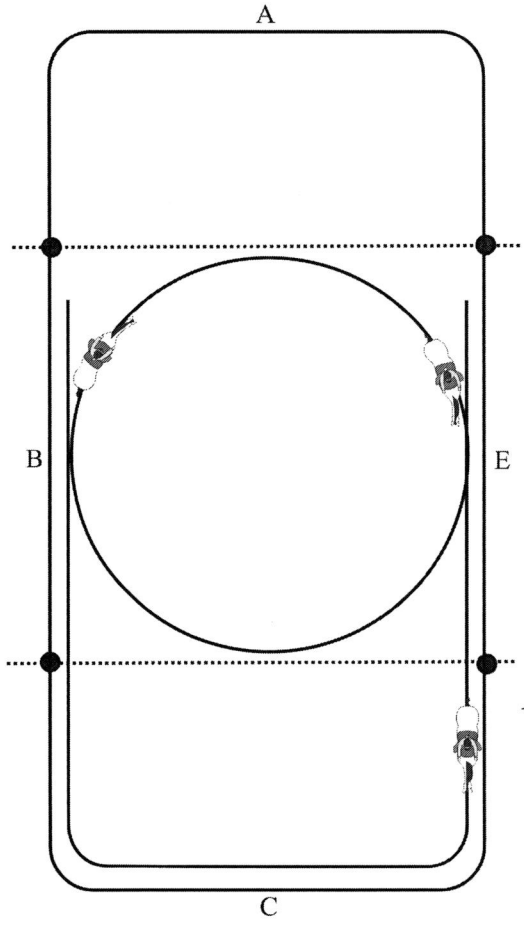

1. Ganze Bahn im Galopp.

2. In Höhe eines halben Bahnpunktes (E oder B) auf den Mittelzirkel gehen und einige Zirkel galoppieren.

3. Den Mittelzirkel wieder bei einem halben Bahnpunkt verlassen.

Man sollte sich die Verbindungslinien zwischen den Zirkelpunkten als Begrenzungen für den Mittelzirkel vorstellen, damit der Zirkel gleichmäßig rund wird.

⇨ **Das Reiten von Mittelzirkeln machen Pferd und Reiter unabhängiger von der Bande.**

Beginnende Versammlung

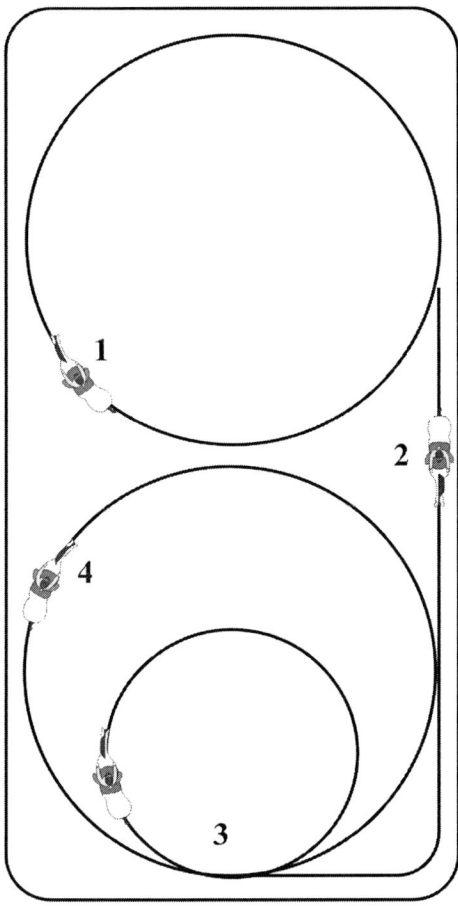

1. Gleichmäßige Galoppzirkel reiten.

2. Im Galopp auf die ganze Bahn gehen.

3. Mitte der kurzen Seite auf einen kleinen Zirkel gehen und diesen im gleichen Grundtempo reiten.

4. Im Anschluss daran einen Zirkel in normaler Größe reiten.

⇨ Beim Abwenden von der ganzen Bahn auf den kleinen Zirkel muss das Pferd verstärkt an die Hilfen gestellt und gebogen werden. Das bedarf auch stärkerer Schenkelhilfen.

Die „Schnecke" im Galopp

Eine Pylone in den Mittelpunkt der beiden Bahnzirkel stellen.

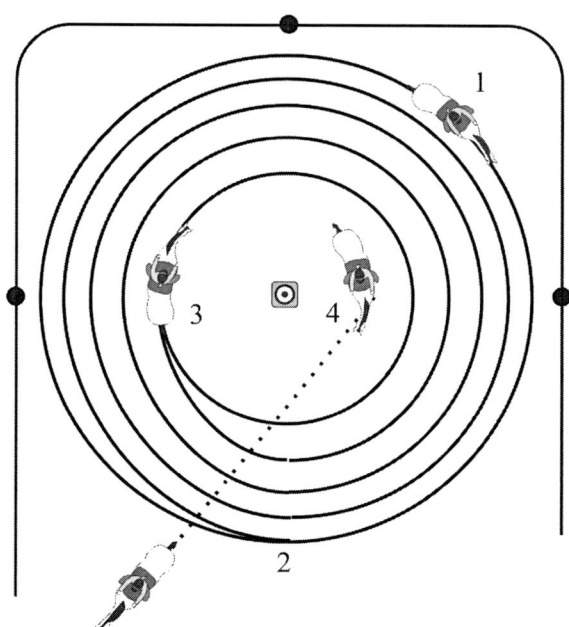

1. Gleichmäßige Galoppzirkel in ruhigem Grundtempo reiten.

2. Den Zirkel um ca. einen Meter pro Zirkel verkleinern.

3. Wenn es dem Pferd Mühe macht, noch im Galopp zu bleiben oder seine Hinterhand nach außen driftet, dann auf dieser Zirkelgröße für zwei bis drei weitere Zirkel bleiben.

4. Das Pferd anschließend Schritt gehen lassen und loben. Anschließend durch die ganze Bahn wechseln, um die Übung auf der anderen Hand zu wiederholen.

Verbesserung der Balance

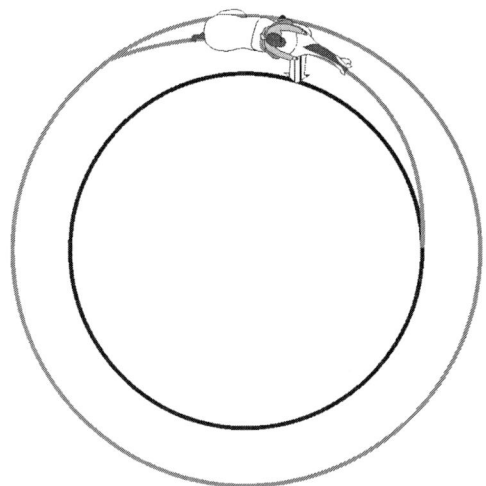

Wenn beim Galoppieren auf einem Zirkel das Pferd auf die innere Schulter fällt, wird dadurch der Zirkel kleiner als gewollt. Das kann man für ein oder zwei Zirkel zulassen.

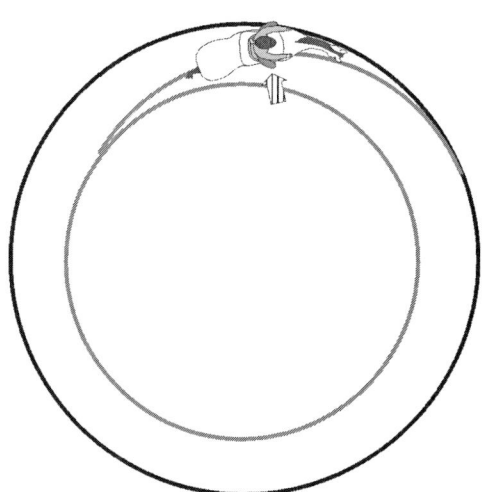

Dann sollte das Pferd bei gleich bleibender Biegung mit dem inneren Schenkel nach außen auf die Zirkelgröße getrieben werden, die angestrebt war.

⇨ Diese Übung hilft dem Pferd, aufrecht auf einer gebogenen Linie zu laufen.

Übung 1 zum einfachen Galoppwechsel

Einfache Galoppwechsel bestehen aus einem Übergang vom Galopp zum Schritt und erneutem Angaloppieren aus der Bewegung heraus in den neuen Handgalopp. Der korrekt gerittene einfache Galoppwechsel erlaubt eine Gangartunterbrechung im Schritt von maximal einer Pferdelänge.

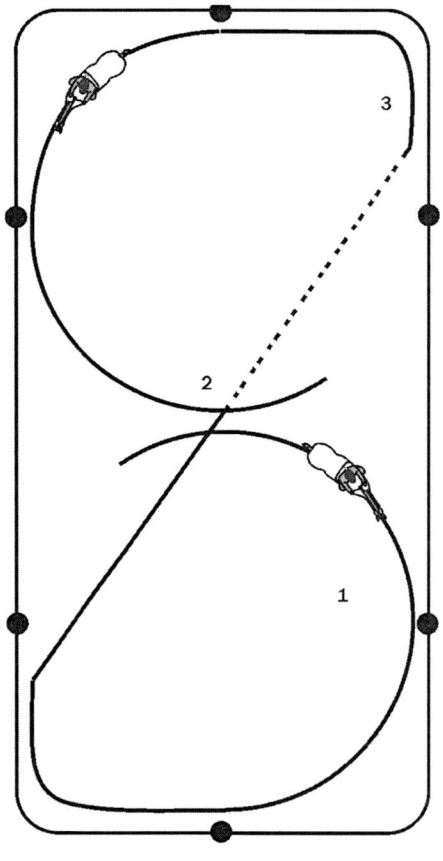

1. Einen ganzen Zirkel im Rechtsgalopp reiten, dann nach der Ecke und „**Durch die ganze Bahn wechseln**".

2. Im Bahnmittelpunkt Schritt.

3. Vor der Ecke angaloppieren. Anschließend wieder einen ganzen Zirkel galoppieren.

⇨ Wenn diese Übung problemlos ausgeführt werden kann, sollte die Schrittstrecke immer mehr verkürzt werden.

Übung 2 zum einfachen Galoppwechsel

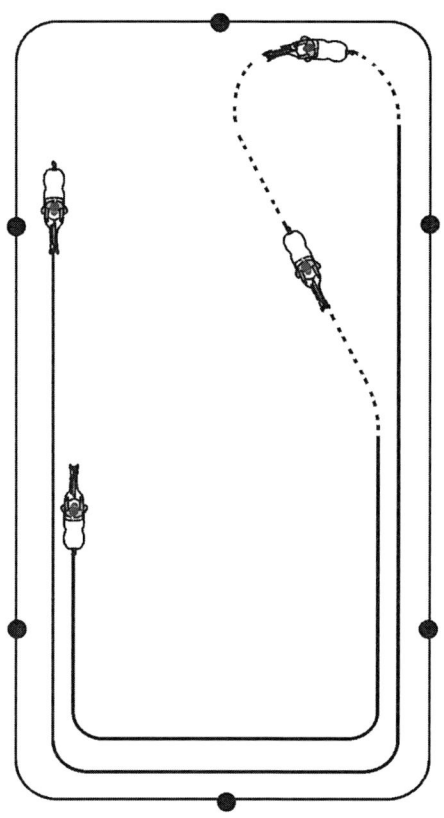

1. Aufgabe

Ganze Bahn im Galopp. Vor der Ecke Schritt, dann **„Aus der Ecke kehrt"** und bei der Mitte der langen Seite wieder angaloppieren.

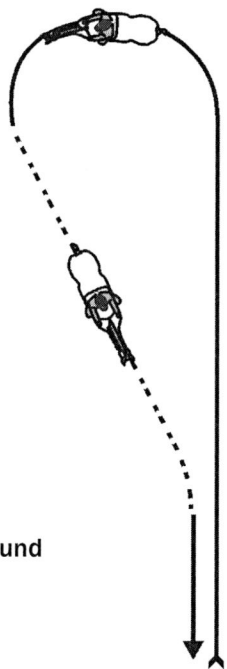

2. Aufgabe

Wie oben, aber **„Aus der Ecke kehrt"** im Galopp und nur das kurze Stück Gerade im Schritt.

Übung 3 zum einfachen Galoppwechsel

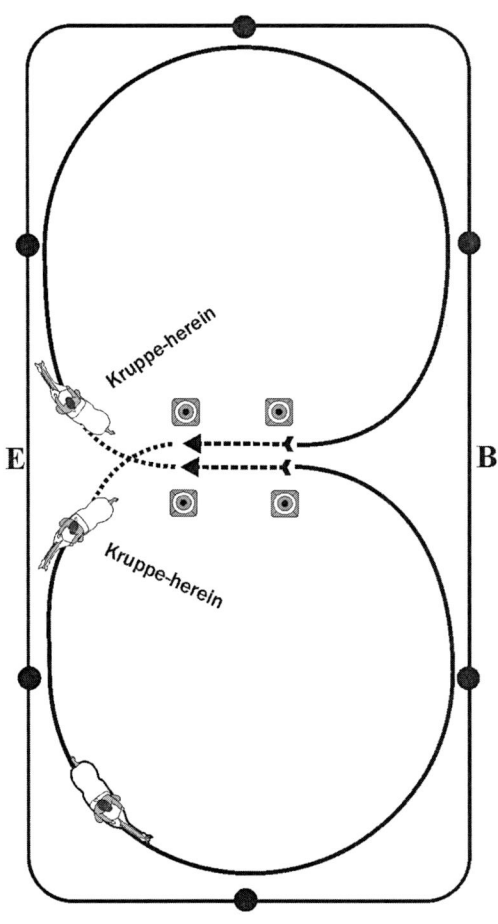

Einen ganzen Zirkel im Linksgalopp reiten.

Zwischen den ersten beiden Pylonen zum Schritt durchparieren.

Das Pferd gerade stellen und nach dem zweiten Pylonenpaar auf den Linksgalopp vorbereiten.

Anschließend im Bereich vor dem Zirkelpunkt angaloppieren.

⇨ **Man sollte sich am Anfang mit den Wechseln Zeit lassen und mit dem Angaloppieren warten, bis das Pferd deutlich auf den neuen Galopp eingestellt ist.**

Übung 4 zum einfachen Galoppwechsel

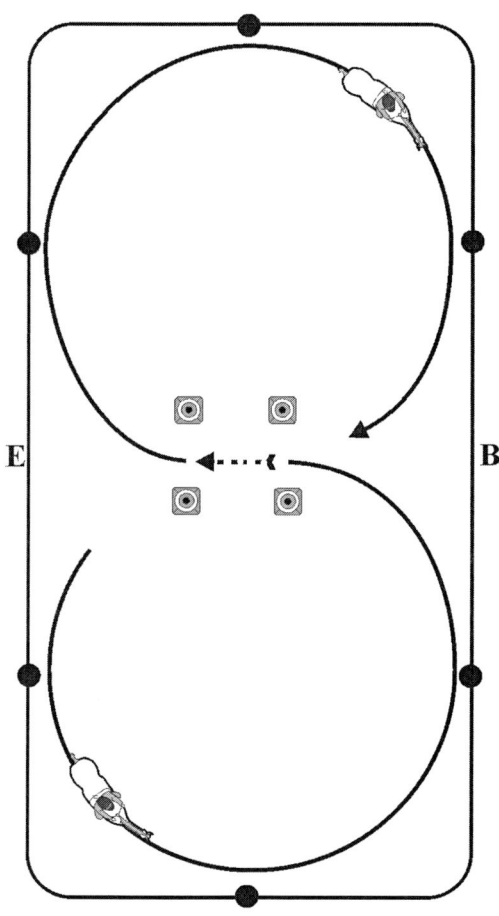

⇨ Wie in der vorangegangenen Übung, jedoch verkürzt sich jetzt die Schrittstrecke allmählich bis auf eine Pferdelänge.

⇨ So wird es später in Aufgaben für Abzeichen und in Dressurprüfungen verlangt.

⇨ Man kann während der Schrittphase mitzählen und auf „3", spätestens auf „4" die Hilfe zum erneuten Angaloppieren geben.

Kann dieses Pferd denn auch gut wechseln?

Oh ja, es hat letztes Jahr dreimal den Besitzer gewechselt!

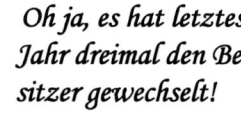

Einfacher Galoppwechsel auf einer Geraden

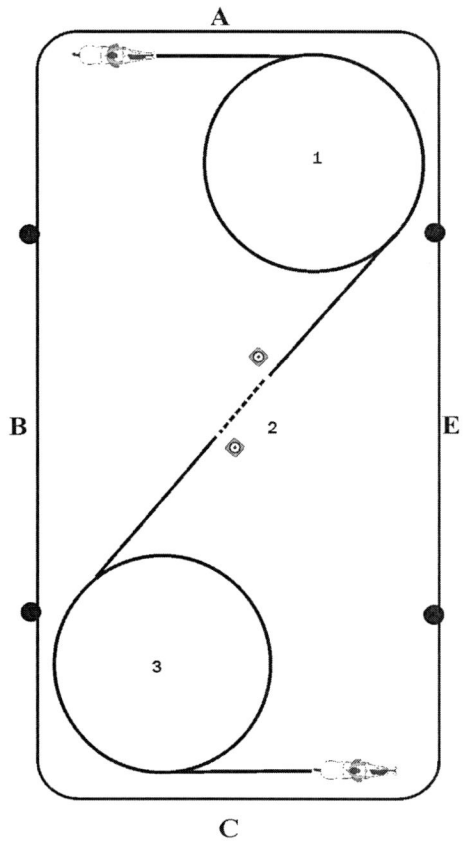

Auf der ganzen Bahn im Rechtsgalopp reiten.

Hinter A in der Ecke eine große Volte reiten.

Dann auf die Diagonale gehen und bei der 1. Pylone zum Schritt durchparieren.

Bei der 2. Pylone im Linksgalopp angaloppieren.

In der Ecke wieder eine Volte reiten und auf die ganze Bahn gehen.

Zur Kontrolle wurden neben der Diagonale Pylonen aufgestellt, und zwar dort, wo die Gangartenwechsel stattfinden sollen. Die Pylonen werden immer enger zusammengestellt, bis sie genau die Distanz vorgeben, in der ein korrekt gerittener Wechsel erfolgen soll.

⇨ Hier wurde deshalb eine Diagonale gewählt, damit das Pferd nicht wie z. B. bei einem Wechsel aus dem Zirkel, automatisch von selbst im richtigen Galopp wieder anspringt, da es sich auf der entsprechenden Zirkellinie befindet.

Außengalopp nach Handwechsel

Das Reiten im Außengalopp schult den Gehorsam des Pferdes gegenüber den Reiterhilfen und auch seine Balance.

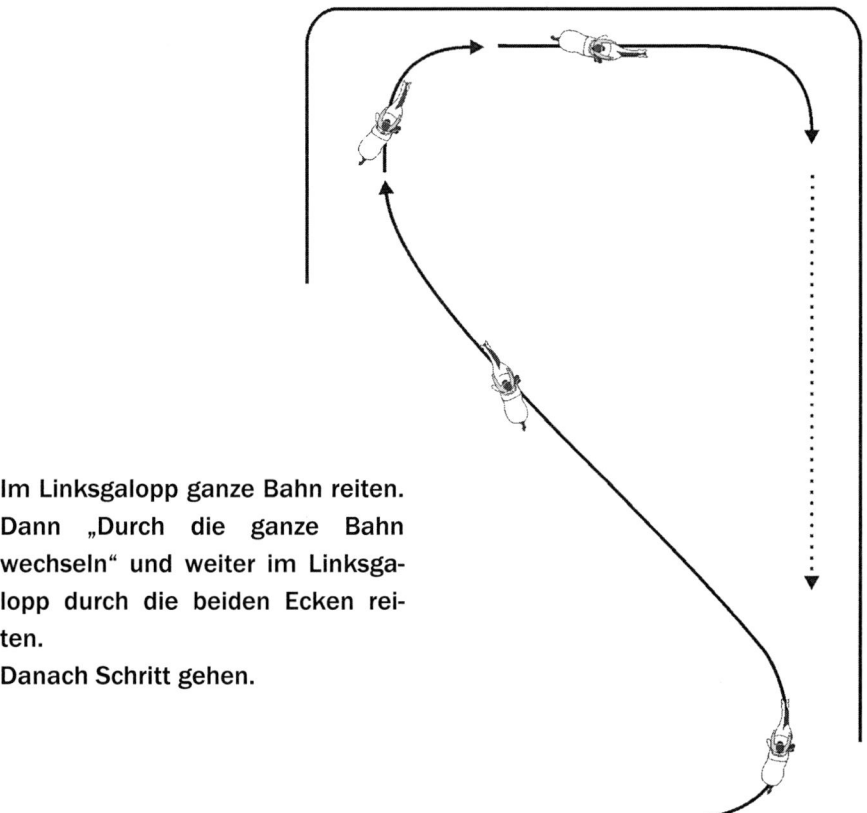

Im Linksgalopp ganze Bahn reiten. Dann „Durch die ganze Bahn wechseln" und weiter im Linksgalopp durch die beiden Ecken reiten.
Danach Schritt gehen.

⇨ Wichtig ist hier die Kontrolle der Hüfte des Pferdes. Ab der Wechsellinie sowohl die Hüfte als auch die Nase des Pferdes nach außen halten!

Außengalopp nach Handwechsel und zurück

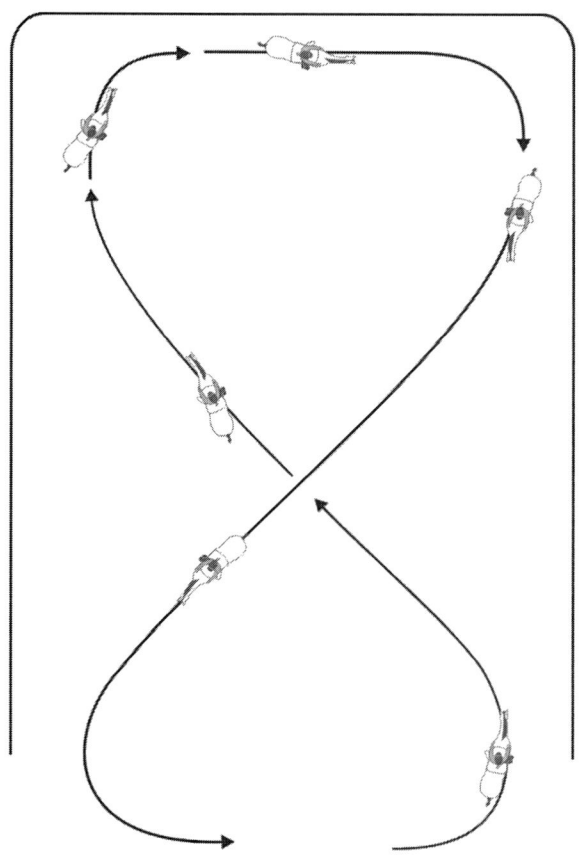

Ganze Bahn im Linksgalopp.
„Durch die ganze Bahn wechseln" und weiter im Linksgalopp durch die nächsten beiden Ecken reiten.
Wieder „Durch die ganze Bahn wechseln" und auf der Wechsellinie das Pferde gerade stellen.
Bei Ankunft auf dem Hufschlag befindet man sich wieder in einer „normalen" Handgalopp-Situation.

Horsemanship

Horsemanship-Übungen, die eigentlich aus dem Westernturniersport kommen, erweisen sich allgemein als äußerst nützlich, um seine eigenen reiterlichen Fertigkeiten zu überprüfen, und machen den meisten Pferden auch Spaß. Es kommt hierbei auf die exakte Ausführung der Übung (Pattern), einen korrekten, geschmeidigen Sitz, fein abgestimmte Hilfengebung und die Harmonie zwischen Reiter und Pferd an.

Während einem Turnierreiter der Sinn sicherlich klar ist, wird das "warum" vom Geländereiter häufig unterschätzt. Aus welchem Grund sollte er sich den Zwang antun, an einem bestimmten Punkt bestimmte Übungen auszuführen? Doch dann der Alptraum im Gelände. Man galoppiert unbeschwert auf einem wunderschönen Galoppweg. Plötzlich schiebt sich aus einer Abzweigung die Motorhaube eines Autos auf den Weg oder eine Familie mit Kleinkindern steht plötzlich aus dem Wald kommend auf dem Weg, so dass man unter Umständen sehr schnell durchparieren muss. Wie angenehm ist in einer solchen Situation das Durchparieren zum Schritt mit einer leichten Hilfe, bei dem das Pferd sofort dem Willen des Reiters gehorcht und nicht glaubt erst dann anzuhalten zu müssen, wenn der Druck im Maul zu unangenehm wird.

Jeder Geländereiter kann dahingehend an sich selbst arbeiten, indem er nicht mehr sagt, „dahinten will ich angaloppieren oder zum Schritt durchparieren, sondern am 5. Baum links" und das auch versucht, präzise auszuführen.

Die folgenden Übungen stellen nur Beispiele dar und sollten anregen, weitere Übungen kreativ selbst zu entwerfen. Noch nicht so geübte Reiter können vorerst die Pattern auch ohne Galoppstopp nur mit Schritt und Trab reiten oder vor dem Galoppstopp, wie bei Pattern 1, eine zusätzliche Pylone aufbauen, an der sie vorher zum Trab durchparieren.

⇨ Beim Rückwärtsrichten muss darauf geachtet werden, dass es ganz gerade und flüssig ist. Das Pferd soll sich flüssig auf gerader Linie bewegen.

⇨ Nach dem Halten sollte das Pferd mindestens 5 Sekunden ruhig stehen bleiben und geschlossen stehen, d. h. alle vier Beine gleichmäßig belasten.

Pattern 1

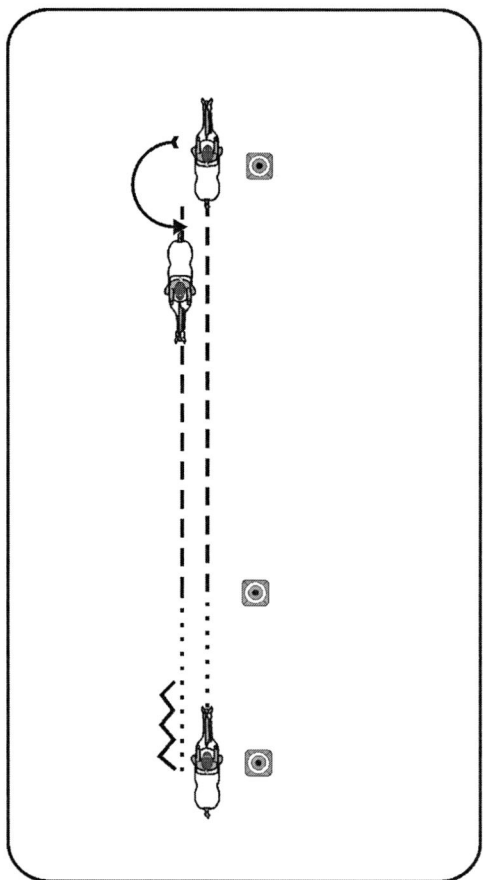

Links neben der 1. Pylone aus dem Halten in den Schritt gehen.

Neben der 2. Pylone antraben.

Neben der 3. Pylone anhalten.

Dort eine Hinterhandwendung 180° nach links.

Im Trab zurück bis zur 2. Pylone.

Dort im Schritt bis zur 1. Pylone und dort anhalten.

8 Tritte rückwärts richten und danach 5 bis 10 Sekunden ruhig stehen bleiben.

⇨ **Was bedeutet "neben der Pylone"?**
Das Pferd befindet sich etwa mit dem Sattelgurt oder der Reiter mit dem Knie neben der Pylone. Der Abstand zur Pylone beträgt ungefähr einen Meter.

⇨ **Schritte und Tritte**
Das Rückwärtsrichten ist kein Viertakt wie der Schritt, sondern ein Zweitakt mit diagonaler Fußfolge. Jeder Schritt hat somit zwei Tritte.

Pattern 2

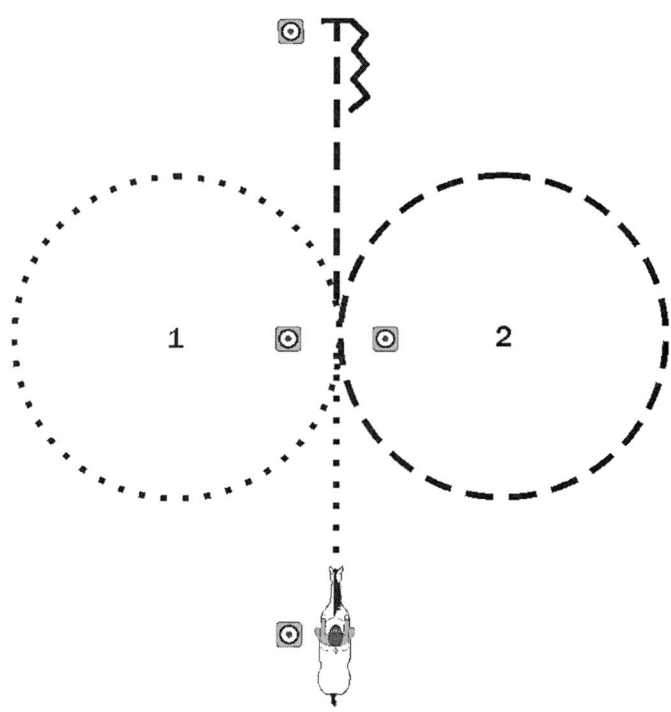

Rechts neben der ersten Pylone im Schritt starten.
An der zweiten Pylone eine Volte im Schritt nach links.
Am Zirkelschnittpunkt antraben und eine Volte nach rechts reiten.
Anschließend zur 3. Pylone reiten und anhalten.
Kurz verharren und eine Pferdelänge rückwärtsrichten.
Danach wieder kurz verharren.

⇨ Die Schwierigkeit dieser Aufgabe besteht darin, gleichzeitig anzutraben und das Pferd auf die neue Biegung einzustellen.

Pattern 3

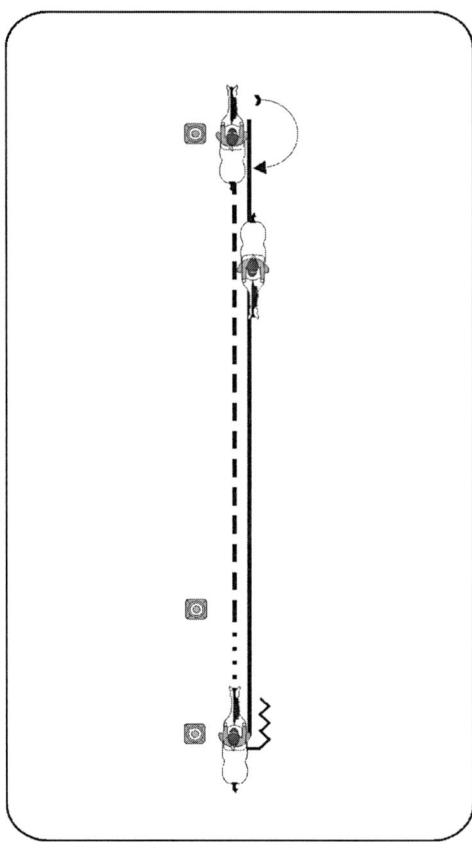

Rechts neben der 1. Pylone aus dem Halten beginnen.

Zwei Pferdelängen Schritt.

Dann im Trab bis zur 2. Pylone.

Dort anhalten und eine Hinterhandwendung nach rechts um 180°.

Im Rechtsgalopp zurück zur 1. Pylone.

Anhalten.

4 Schritte rückwärts richten und danach 5 bis 10 Sekunden ruhig stehen bleiben.

⇨ **Hier beginnt der Rechtsgalopp aus einer Rechtswendung. Das lässt sich gut reiten.**

⇨ **Darauf achten, dass das Pferd nach dem Angaloppieren auf gerader Linie bleibt.**

Pattern 4 + 5

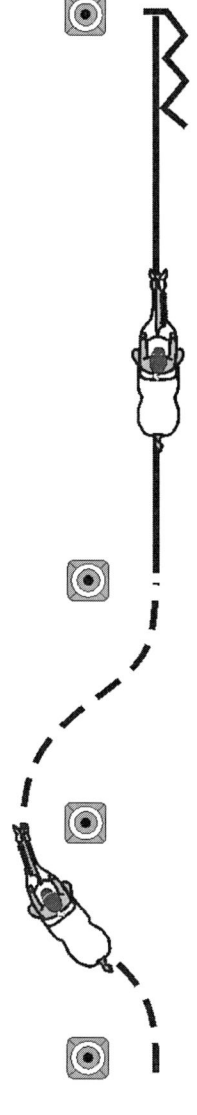

1. Übung

Rechts neben der 1. Pylone aus dem Halten im Schritt starten.

Um die 2. Pylone herumreiten.

Bei der 3. Pylone links angaloppieren

Bei der 4. Pylone Anhalten

4 Schritte rückwärts richten und danach 5 bis 10 Sekunden ruhig stehen bleiben.

⇨ Hier beginnt der Linksgalopp aus einer Linksbiegung, was recht natürlich ist.

2. Übung:

Die gleiche Anordnung von Pylonen, das gleiche Pattern, aber Rechtsgalopp ab der 3. Pylone.

⇨ Die 2. Übung ist erheblich schwerer, weil das Pferd erst gerade gerichtet und neu gestellt werden muss.

Pattern 6

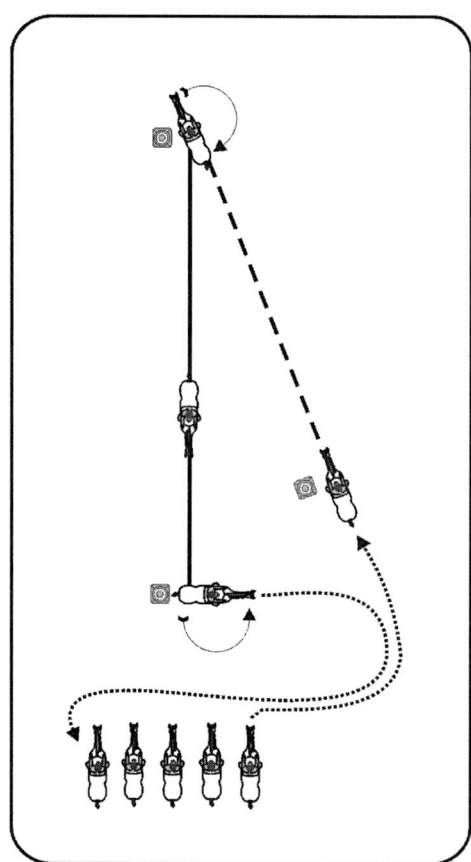

Rechts neben der 1. Pylone aus dem Halten antraben.

An der 2. Pylone eine Hinterhandwendung nach rechts.

Rechtsgalopp bis zur 3. Pylone.

Halten, 90°-Hinterhandwendung nach links.

Kurz verharren.

Im Schritt in die Reihe zurück.

⇨ Hier, wie auch bei weiteren Pattern, sind auch wartende Reiter eingezeichnet und die besondere Schwierigkeit besteht hier darin, in Richtung der wartenden Teilnehmer (Herde) zurück zu galoppieren.
⇨ Wenn man nicht alleine trainiert, ist es von Vorteil, sich wie hier korrekt nebeneinander aufstellen, um das ruhige Stehen neben anderen Pferden über einen längeren Zeitraum zu üben.
⇨ Ebenfalls wird das sich Entfernen „aus der Herde" hervorragend geschult.

Pattern 7

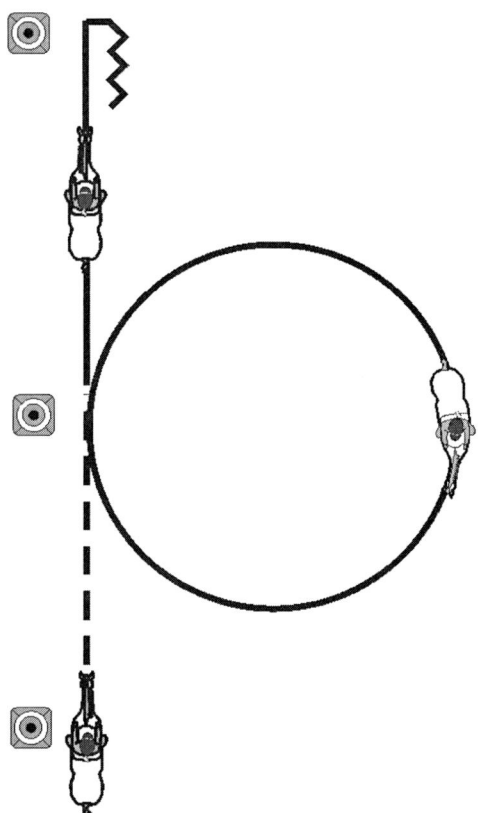

Rechts neben der 1. Pylone in den Trab.

An der 2. Pylone im Rechtsgalopp einen Zirkel reiten.

Weiter im Rechtsgalopp bis zur 3. Pylone und dort anhalten.

4 Schritte rückwärts richten und danach 5 bis 10 Sekunden ruhig stehen bleiben.

⇨ Nach rechts auf einen Zirkel gehen und gleichzeitig rechts angaloppieren, lässt sich gut reiten.

Pattern 8

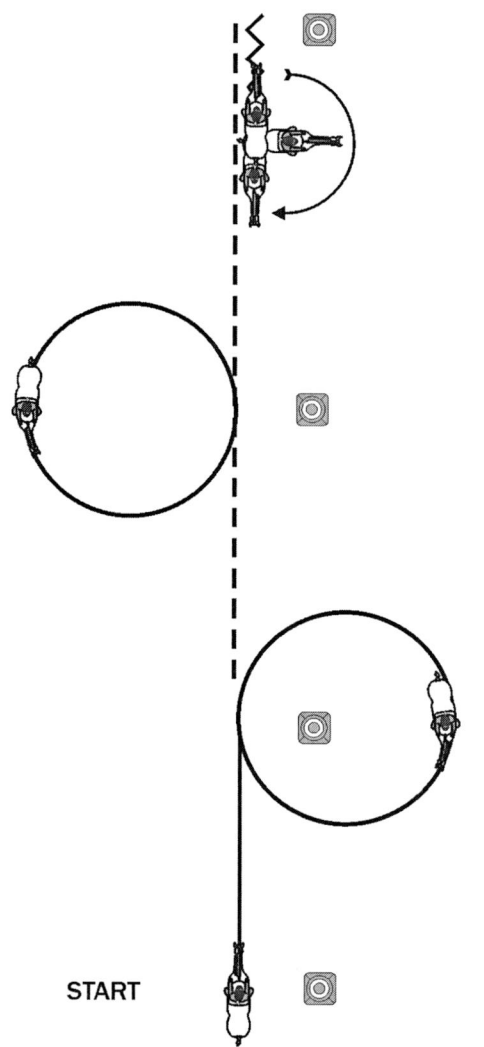

An der 1. Pylone rechts angaloppieren.

Um die 2. Pylone eine Volte reiten.

Zum Trab durchparieren und zur 3. Pylone reiten.

Dort eine Volte im Linksgalopp.

Im Trab bis zur 4. Pylone.

Dort anhalten.

Eine Pferdelänge rückwärts richten und kurz verharren.

Anschließend eine Hinterhandwendung nach rechts um 180° und kurz verharren.

Pattern 9

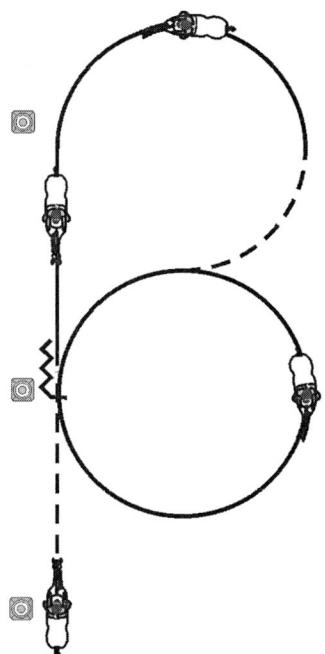

Rechts neben der 1. Pylone aus dem Halten antraben.

An der 2. Pylone im Rechtsgalopp 1 ¼ Zirkel reiten.

Dann ¼ Zirkel nach links im Schritt.

½ Zirkel im Linksgalopp.

Im Galopp vorbei an der 3. Pylone bis zur 2. Pylone

Dort anhalten, zwei Pferdelängen rückwärts richten und danach 5 bis 10 Sekunden ruhig stehen bleiben.

Pattern 10

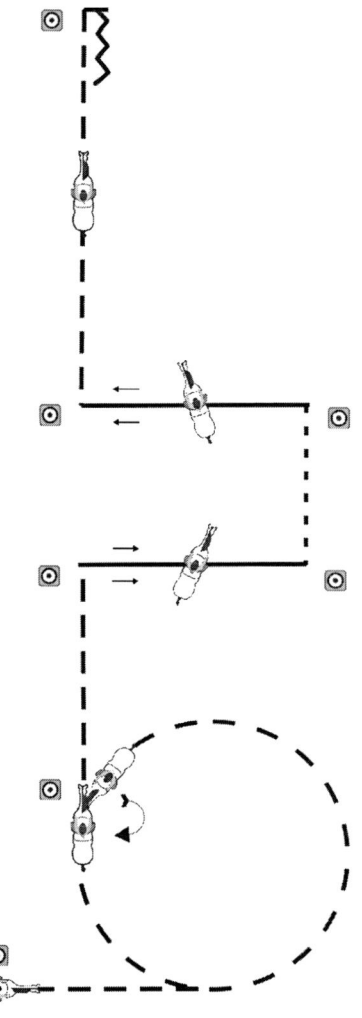

Von der 1. Pylone aus auf eine Trabvolte gehen.

An der 2. Pylone stoppen und eine Vorderhandwendung nach rechts ausführen.

Im Trab zur nächsten Pylone, dort anhalten.

Seitwärts nach rechts zur nächsten Pylone gehen.

Im Schritt zur nächsten Pylone reiten.

Seitwärts nach links zur nächsten Pylone.

Im Trab zur letzten Pylone und dort anhalten.

6 Schritte rückwärtsrichten und kurz verharren.

Pattern 11

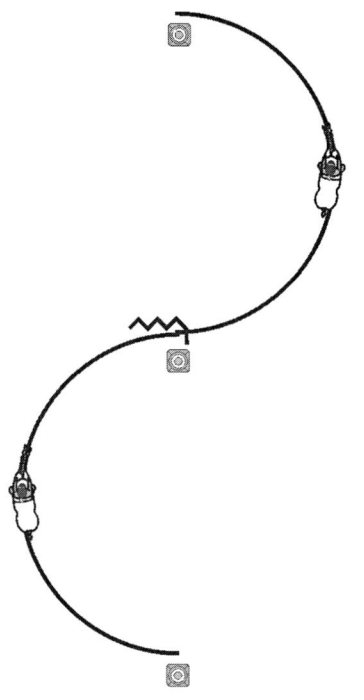

Rechts neben der 1. Pylone rechts angaloppieren.

An der 2. Pylone anhalten.

Eine Pferdelänge rückwärts richten.

Kurz verharren.

Im Linksgalopp bis zur 3. Pylone.

Dort halten und danach 5 bis 10 Sekunden ruhig stehen bleiben.

⇨ Dieses Pattern sieht einfach aus, ist aber schon ziemlich schwer. Pferd und Reiter sind einmal rechts, einmal links und wieder rechts von den Pylonen (vom Reiter aus gesehen). Der Reiter muss vorausschauen und sich seine Linien gut einteilen.

Pattern 12

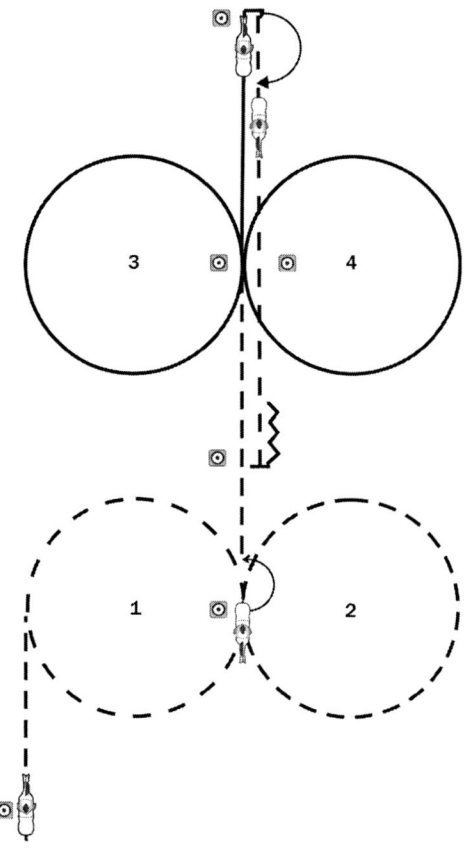

Von der ersten Pylone aus im Trab starten und 1 ½ Volten nach rechts reiten.

Zwischen den beiden Pylonen das Pferd umstellen und eine Linksvolte reiten.

Mit der Hinterhand an der Pylone anhalten.
Hinterhandwendung nach links.
Antraben.

Zwischen dem nächsten Pylonenpaar eine Volte im Linksgalopp.

Zwischen dem Pylonenpaar einen einfachen Galoppwechsel ausführen und rechts auf den Zirkel gehen.

Bis zur letzten Pylone galoppieren und dort anhalten.

Eine Hinterhandwendung nach rechts.

Bis zur Pylone zurücktraben und dort anhalten.

Zwei Pferdelängen rückwärts richten und 5 Sekunden verharren.

Pattern 13

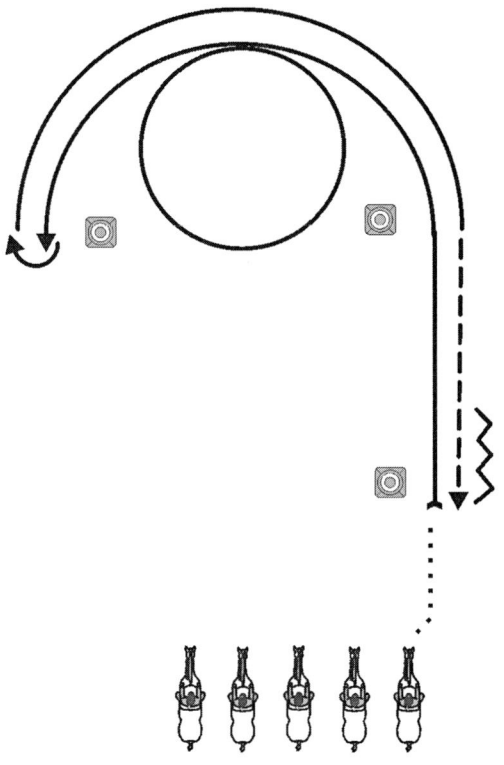

Rechts neben der 1. Pylone links angaloppieren und einen Zirkel zwischen den Pylonen 2 und 3 reiten.

An der 3. Pylone halten.

Hinterhandwendung nach rechts.

Im Rechtsgalopp bis zur 2. Pylone.

Dort in den Trab gehen

An der 1. Pylone anhalten.

8 Tritte rückwärts richten und verharren.

Im Schritt in die Reihe zurück reiten.

⇨ Hier handelt es sich um eine sehr anspruchsvolle Übung, bei der sich der Reiter den Platz gut einteilen muss: Der kleine Zirkel muss zwischen die Pylonen und den Galopp-Bogen passen.

Pattern 14

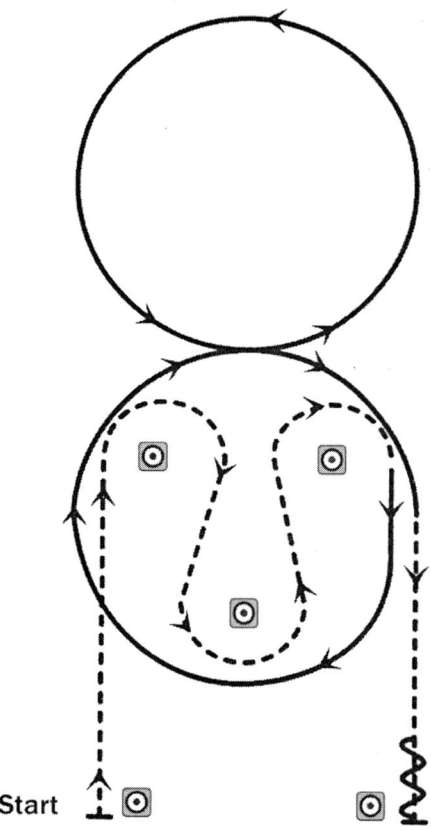

An der ersten Pylone antraben und im Slalom um die 3 Pylonen reiten.

Angaloppieren und einen kleinen Zirkel im Rechtsgalopp.

Bei X einen einfachen Galoppwechsel reiten.

Im Linksgalopp einen kleinen Zirkel reiten.

Bei X wieder einen einfachen Wechsel.

¼ Zirkel im Rechtsgalopp.

Im Trab bis zur letzen Pylone.

Dort anhalten und zwei Pferdelängen rückwärts richten.

Gelassenheitsprüfung und Trail

Die GHP (Gelassenheitsprüfung) und auch der Trail der Westernreiter sind Disziplinen, die Geduld und Fleiß erfordern, denn es gibt Hindernisse, vor denen Pferde Angst haben und deshalb scheuen.

Das Pferd ist ein Fluchttier, was es dazu veranlasst, selbst aus geringstem Grund so schnell wie möglich die Flucht zu ergreifen. Das „Gespenst" im Gebüsch oder sonst wo kann überall auftreten. Es handelt sich um Gegenstände, Geräusche oder Gerüche, die sofort den Schutzmechanismus „Flucht" auslösen.

Diese Fluchtbereitschaft, die beim Reiten ein Problem sein kann, ist fest im Erbgut eines Pferdes verankert, denn als Beutetier stand es sich schnell bewegenden Raubtieren gegenüber. Das Unfallrisiko in Stall, Reithalle, Gelände und Straßenverkehr kann jedoch durch entsprechendes Training deutlich verringert werden. Nur konsequentes Training, insbesondere bei vom Naturell her weniger gelassenen Pferden, hilft solche Urinstinkte unter Kontrolle zu behalten. Die Angst des Pferdes darf auch niemals bestraft werden. Geduld und eventuell auch Bodenarbeit ist gefragt.

Bei schwierigeren Hindernissen empfiehlt es sich, am Anfang an einem möglichst sicheren Ort zu trainieren, das heißt in einem eingezäunten Bereich. Ein Pferd, das durch heimisches Training entsprechend vorbereitet wurde, wird auch im Gelände oder an anderen Orten gelassener reagieren. Durch die Übungen hat es gelernt, „Angstauslöser" als harmlos zu bewerten und auch sein Selbstbewusstsein wird sich durch diese Übungen erheblich steigern.

Während die Turnierdisziplin Trail eher aus dem Gelände nachempfundenen Hindernissen (nicht springen!) besteht, bei dem das Pferd notfalls seine Füße zentimeterweise setzen muss, enthält der GHP-Parcours eher Hindernisse des heutigen Alltags.

Die GHP ist die erste Turnierprüfung der FN, bei der nicht die sportliche Leistung zählt, sondern der Charakter, das Vertrauen und die Erziehung des Pferdes, eben seine Gelassenheit. Der Parcours besteht aus zehn Schrecksituationen, wie sie dem Pferdesportler täglich begegnen können. Die Aufgaben erfordern ein gehorsames, gelassenes und zur Mitarbeit bereites Pferd, das Vertrauen zu seinem Pferdeführer bzw. Reiter hat.

Während bei der Gelassenheitsprüfung ein festgelegter Parcours zu Fuß oder im Sattel bewältigt werden muss, wechselt beim Trail der Parcours in jeder Leistungsklasse bei jedem Turnier nach Gusto des Veranstalters und nach vorhandenen Hindernissen. Klassische Reiter, die Spaß am Trail gewonnen haben, können bei der EWU in der Leistungsklasse 5 ohne Verbandsmitgliedschaft mit korrekter klassischer Ausrüstung teilnehmen.

Beim Training für die Gelassenheitsprüfung hat sich das Pferd auf dem heimischen Platz irgendwann an den Parcours und seine Hindernisse gewöhnt. Es empfiehlt sich daher, gelegentlich Hindernisse zu vertauschen oder auch andere z.B. aus dem Trail hinzuzunehmen.

Sowohl in der GHP wie auch in der Trailprüfung wird vertrauensvolle Verständigung zwischen Reiter und Pferd erwartet. Schwerpunkte bei der Bewertung sind dabei die Manier, Aufmerksamkeit des Pferdes gegenüber den Reiterhilfen und Qualität der Bewegung. Pluspunkte werden auch solchen Pferden gegeben, die die Hindernisse gelassen, aktiv mitarbeitend und in angemessener Geschwindigkeit absolvieren, ohne dabei die Korrektheit zu verlieren.

Alle Hindernisse, bei denen jeder Schritt des Pferdes genau platziert sein muss, bedeuten für die Ausbildung, dass der Reiter lernen muss, Schulter und Hüfte des Pferdes zu kontrollieren. Dazu sollte er Bewegungen wie Seitwärtsgänge, Hinterhand- und Vorhandwendung auch bei einhändiger Zügelführung (notwendig für das Tor und das Bewegen oder Transportieren von Gegenständen) beherrschen.

Trailhindernisse entsprechen typischen Situationen bei einem Geländeritt

Reiten über Stangen in verschiedenen Gangarten

Selbst über einfache Stangen zu reiten, erfordert Übung. Viele Pferde heben bei einfachen Stangen die Füße nicht hoch. Ein Pferd, das im Gelände bei über den Weg liegenden Baumstämmen die Füße hängen lässt, kann sich schnell Verletzungen im empfindlichen Kronen- und Fesselbereich zuziehen oder sogar stürzen.

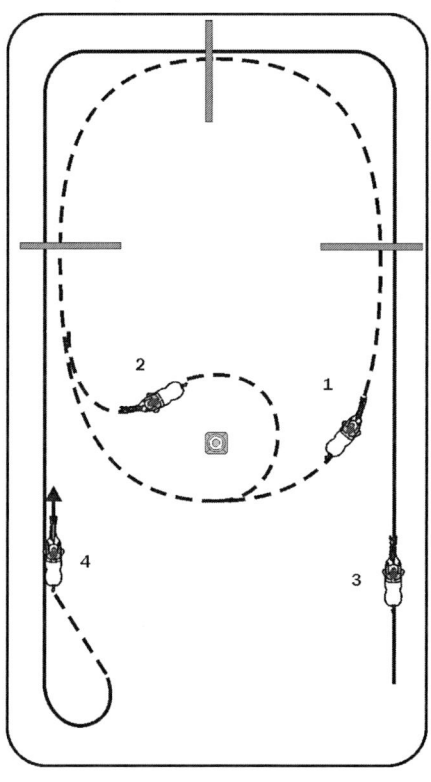

Übung 1
Ein großes Oval mit drei Bodenstangen im Schritt mit Richtungswechseln reiten.

Übung 2
Die gleiche Übung im Trab reiten.

Übung 3 und 4
Die Übung auf der ganzen Bahn mit drei Bodenstangen im Galopp auf beiden Händen reiten.

⇨ Das „A" und „O" der Bodenstangenarbeit ist die Abwechslung. Die Pferde sollen stets neu schauen und taxieren lernen.

Mehrere Schritt- und Trabstangen

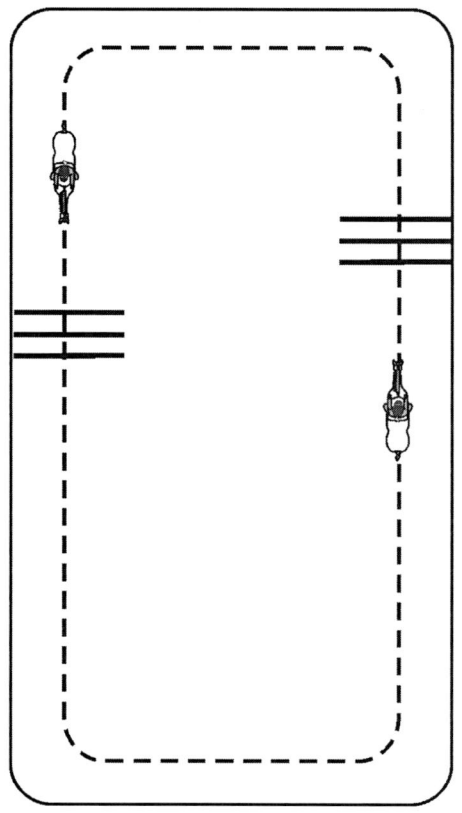

Das Pferd im Schritt gerade über drei Bodenstangen im Abstand von 40 bis 70 cm, je nach Größe des Pferdes, reiten.

Später das Pferd im Trab über drei Bodenstangen, die zwischen 60 bis 120 cm je nach Größe des Pferdes auseinander liegen können, reiten.

Ein Helfer sollte schauen, ob der Abstand der Trittlänge des Pferdes entspricht oder ob die Tritte des Pferdes eher verlängert oder verkürzt werden müssen.
Im weiteren Training sollte der Reiter dies selbst erfühlen.

⇨ **Beim Übertreten über drei Stangen lernt das Pferd das Taxieren, d.h. seine Tritte einzuteilen. Erst wenn das gut klappt, sollte man vier oder mehr Stangen verwenden.**
⇨ **Um die Trittsicherheit des Pferdes zu erhöhen, kann man im weiteren Verlauf des Trainings Stangen verschiedenartig anordnen z.B. gefächert, mikadoartig oder wie ein W oder Z mit unregelmäßigen Abständen.**

Stangenkarussell

Diese Übung im Schritt beginnen. Mit zunehmenden Fortschritten später im Trab und Galopp reiten und dabei jeweils einen größeren Radius wählen.

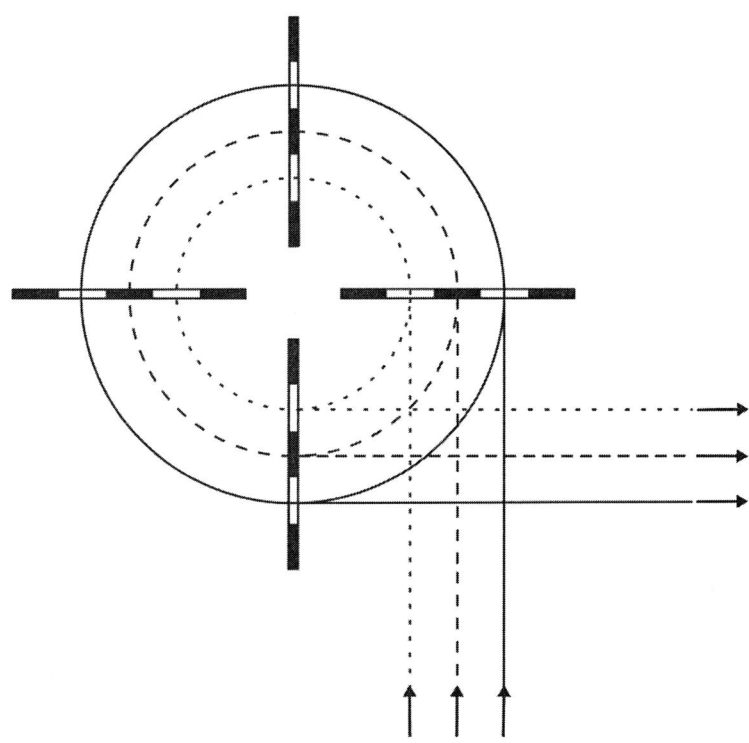

⇨ Optimal für diese Übungen sind 3 – 4 m lange Stangen mit Streifen. Man kann sich sehr gut an den Markierungen der Stangen orientieren, so dass der Kreis gleichmäßig rund wird.

⇨ Sollten die Stangen kürzer sein, müssen sie entsprechend weit vom Mittelpunkt entfernt gelegt werden, je nach Gangart.

Wendung im Stangenquadrat

Das übliche Maß für das Viereck bei dieser Übung liegt zwischen 1,70 m und 1,90 m. Zu Anfang des Trainings, insbesondere bei einem größeren Pferd, sollten die Maße großzügig verlängert werden.

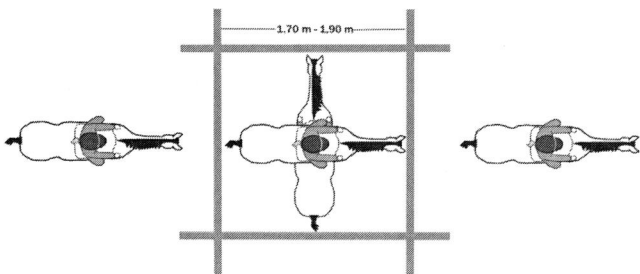

Die erste Schwierigkeit bei diesem Hindernis besteht darin, beim Einreiten das Pferd im richtigen Moment anzuhalten, das heißt früh genug, bevor ein Vorderfuß aus dem Viereck heraustritt, und spät genug, dass auch das vierte Bein sich im Quadrat befindet.
Die Wendung im Viereck verlangt eine Mittelhandwendung, auch Flaschendrehung genannt. Im Idealfall soll sich das Pferd bei dieser Übung um seine Mitte drehen. Sowohl eine Vorhandwendung wie auch eine Hinterhandwendung würden das Pferd zwingen hinauszutreten.
Am Anfang empfiehlt es sich mit ¼ Drehung zu beginnen, um das Pferd nicht zu überfordern. Danach erfolgt eine Steigerung, bis sich das Pferd flüssig um 360° drehen kann.
Damit sich das Pferd nicht angewöhnt, sobald es im Quadrat steht, die Übung ohne Zutun des Reiters nach dem „ich-weiß-schon-Prinzip" in eine bestimmte Richtung auszuführen, sollte die Umdrehung nach kurzem Verharren mal nach rechts und mal nach links erfolgen

⇨ **Diese Übung kann nützlich sein, um in Gefahrensituationen das Pferd auf engstem Raum wenden zu können!!!**

Rückwärtsrichten durch Stangen

Am Anfang des Trainings die Stangen 2 m weit auseinander legen, das ist der geforderte Abstand bei der GHP. Beim Trail beträgt der Abstand 1 m.

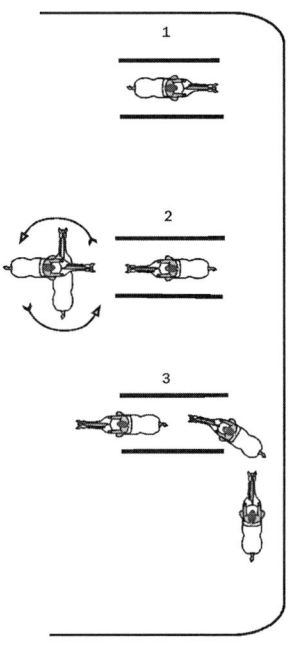

1. Vorwärts soweit in die Stangengasse hineinreiten, bis das Pferd mit der Vorderhand am Ende der Stangen steht. Anschließend rückwärts wieder rausreiten.
2. Das Pferd vor der Stangengasse gerade hinstellen und mit einer Vorhandwendung von 180° vor der Gasse platzieren.
Rückwärtsrichten bis zum Ende der Stangengasse und vorwärts wieder herausreiten.
3. Wie 2, aber vor der Bande nach links oder rechts rückwärtsrichten.

Sollte das Pferd zwischen den Stangen nicht gerade bleiben, anhalten und korrigieren. D. h. am Anfang nach jeweils drei Schritten anhalten, das Pferd loben, kurz stehen lassen und fortfahren. So empfindet das Pferd das Anhalten nicht als Fehler, der es nervös macht.

Stangen „L"

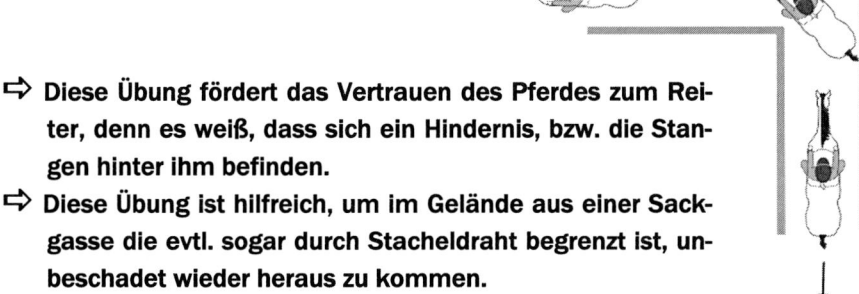

⇨ Diese Übung fördert das Vertrauen des Pferdes zum Reiter, denn es weiß, dass sich ein Hindernis, bzw. die Stangen hinter ihm befinden.
⇨ Diese Übung ist hilfreich, um im Gelände aus einer Sackgasse die evtl. sogar durch Stacheldraht begrenzt ist, unbeschadet wieder heraus zu kommen.

Schenkelweichen über Stangen

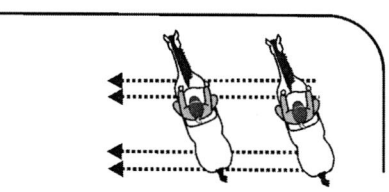

Die Übung mit Schenkelweichen an der kurzen Seite ohne Stange beginnen.

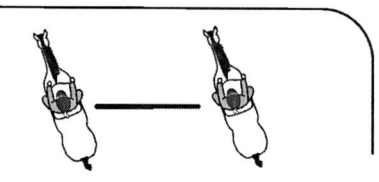

Anschließend die gleiche Übung über eine parallel zur Bande gelegten Stange.

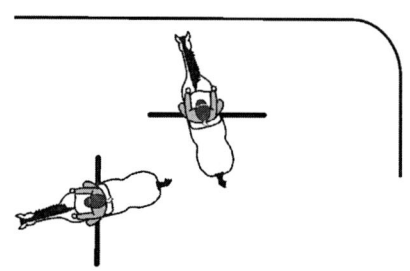

Schenkelweichen über die 1. Stange nach links.
Anschließend eine Hinterhandwendung von 90°.
Schenkelweichen über die 2. Stange.

⇨ **Am Anfang dieser Ausbildung sollte das Pferd immer schräg zur Bodenstange ausgerichtet werden (Schulter voraus), damit das Übertreten leichter fällt. Erst später sollte man absolut seitwärts gehen.**

⇨ **Diese Übung fördert das Vertrauen des Pferdes zum Reiter, da viele Pferde die Stange unter dem Bauch als gefährlich einstufen.**

Torübungen

Zunehmend wird auch von klassischen Reitern die Möglichkeit genutzt, Tore vom Pferd aus zu öffnen, sei es das am Reitplatz oder anderswo.
Das Tor gehört mit zu den schwierigsten Hindernissen. Fehler, die zu Beginn des Trainings gemacht werden, können dazu führen, dass ein Pferd nie wieder an ein Tor herangeht oder versucht, dieses Hindernis möglichst eilig, wie ein aufgeschrecktes Huhn, zu bewältigen.
Bei keinem anderen Hindernis gerät der Reiter so schnell in die Situation einer falschen Schwerpunktverlagerung, die in diesem Fall in der Regel dazu führt, dass sich das Pferd vom Tor weg, anstatt zum Tor hin bewegt.
In insgesamt vier Variationen kann das Tor bewältigt werden. Zwei Vorwärtsmöglichkeiten, zwei Rückwärtsmöglichkeiten, bei denen jeweils das Tor einmal aufgezogen und einmal aufgedrückt werden kann. Hier werden nur die beiden Vorwärtsvarianten beschrieben.
Bei den ersten Torübungen empfiehlt es sich, einen Helfer hinzuzuziehen, der das Tor immer in Position hält, so dass der Reiter erst einmal alle Bewegungen zweihändig reiten und später, falls erforderlich, beide Hände an die Zügel nehmen kann, um eine notwendige Richtungskorrektur vorzunehmen. Erst wenn das in allen Phasen problemlos möglich ist, sollte man beginnen das Tor selbständig und einhändig zu reiten.
Am Tor ist es wie auch bei allen anderen Hindernissen von großer Wichtigkeit, dass das Pferd jederzeit angehalten werden kann, um Fehler zu vermeiden. Und auch das Stillstehen zum Öffnen und Schließen des Tores will geübt sein. Pferde, die nach dem „Ich-weiß-schon-was-kommt-Prinzip" arbeiten, müssen unbedingt korrigiert werden. Es empfiehlt sich, die Torübung abzubrechen und das Tor in Ruhe neu anzureiten, bis das Pferd dort ruhig stehen kann.

...... und der Arm ward lang und länger und der Blick ward bang und bänger.

Vorübungen für das Tor mit Pylonen und Stangen

Die Torbewältigung sollte zu Beginn mit Pylonen und Stangen, die am Boden ein Tor andeuten, geübt werden.
Es ist wichtig, sich zu verinnerlichen, welche Bewegungen des Pferdes zur Bewältigung eines Tores, das **aufgedrückt** oder **aufgezogen** und **vorwärts** durchritten werden soll, benötigt werden.

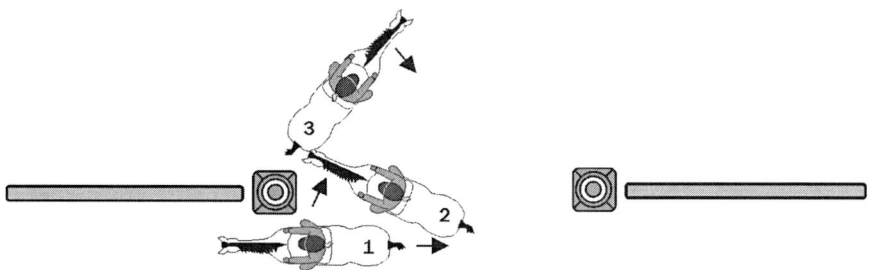

Tor aufdrücken und vorwärts durchreiten

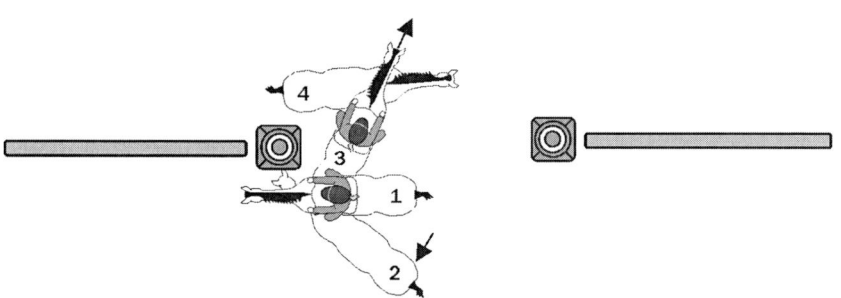

Tor aufziehen und vorwärts durchreiten

⇨ Sollte sich eine bestimmte Bewegung noch nicht problemlos ausführen lassen (z.B. mit der Hinterhand nach rechts oder links), empfiehlt es sich, diese Bewegung separat zu üben.

⇨ Diese Bewegungen Schritt für Schritt mit beidhändiger Zügelführung üben. Wenn das einwandfrei klappt, die Übung einhändig reiten. Erst dann sollte man mit dem Pferd ein richtiges Tor in Angriff nehmen.

Tor aufdrücken

Zu Beginn des Trainings drehen viele Pferde ihr Hinterteil vom Tor weg, sowohl beim Öffnen aber insbesondere beim Schließen. Das resultiert zum einen aus der Gewichtsverlagerung beim Öffnen und Schließen aber auch daraus, dass das Pferd dem beweglichen Tor auszuweichen versucht. Nur Übung wird das Pferd überzeugen können, dass es sich davor nicht zu fürchten braucht. Hilfreich ist es, auch an andere Zäune, Bretterwände und Torelemente heran zu reiten und das Pferd dicht neben diesen Gegenständen nur ruhig stehen zu lassen.

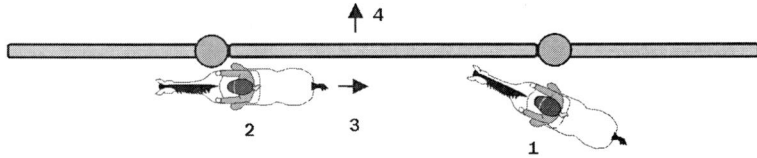

Der Reiter reitet das Tor so an, dass er parallel zum Tor steht. Beim Stopp befindet sich das Reiterknie in Höhe der Toröffnung, so dass das Tor problemlos geöffnet werden kann. Die Zügel werden dabei so in eine Hand genommen, dass der Reiter falls erforderlich, gute Einwirkungsmöglichkeiten über den Zügel hat.

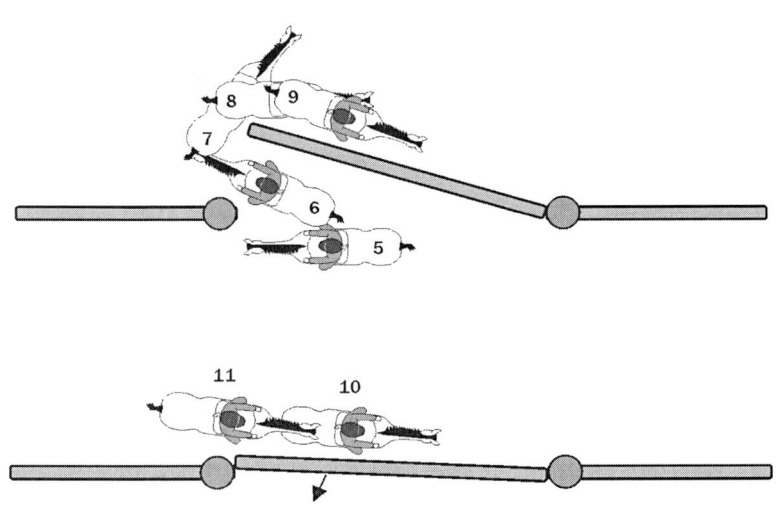

Tor aufziehen

Das Tor anreiten, wie bei der vorherigen Torübung.

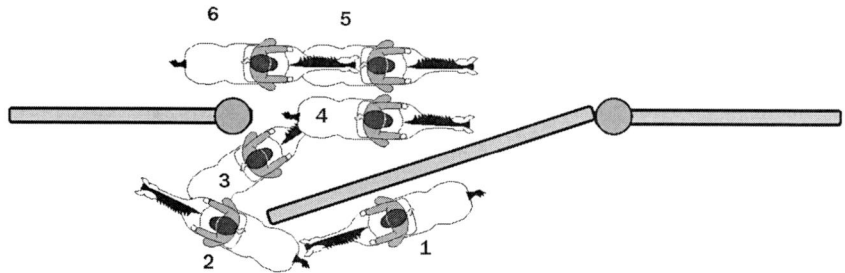

Der Reiter öffnet das Tor und zieht es auf, während er gleichzeitig um die Ecke durch die Toröffnung reitet. Wichtig ist es, das Tor weit genug zu öffnen, d.h. dass sowohl Pferd wie auch die Reiterbeine durchpassen. Vor der Biegung um das Tor muss der Reiter soweit vorreiten, dass das Knie nicht hinter dem Tor hängen bleibt. Das könnte zu üblen Prellungen führen.

Wenn das Pferd froh die schmale Öffnung bewältigt zu haben, in Richtung freie Sicht marschiert, ist es vorprogrammiert, dass der Reiter, krampfhaft das Tor festhaltend, das Pferd durch die Gewichtsverlagerung noch mehr vom Tor wegdrückt, das sich dabei immer weiter öffnet. Außerdem besteht die akute Gefahr, dem Pferd das Tor gegen die Hinterhand zu ziehen. Hier ist es besser, das Tor loszulassen und es den Helfer in Stellung halten zu lassen.

Um das zu verhindern, muss der Reiter konsequent in Richtung des zweiten Torpfostens reiten. Dadurch bleibt das Pferd parallel zum Tor.

Ist das Pferd neben dem Tor so weit vorgegangen, dass das Hinterteil ohne Probleme die Öffnung passieren kann, heißt der nächste Schritt seitwärts treten und dann parallel zum Tor rückwärts richten, bis der Reiter das Tor mühelos schließen kann.

⇨ Auch am Tor gilt: immer mal wieder stehen bleiben und die Übung schrittweise entwickeln. Besonders wichtig ist es, das Pferd zwischen Pfosten und Tor ein wenig stehen zu lassen, damit es merkt, dass dieses Eingeengtsein nicht gefährlich ist.

Die Brücke

Brücken sind dem Geländereiter nicht unbekannt: Autobahnbrücken, breite Flussbrücken, schmale, gewölbte Betonbrücken - eigentlich für Fußgänger und Fahrradfahrer gedacht - bis hin zur kleinen Holzbrücken im Wald mit oder ohne Geländer die über einen Bach führen.
In einem Parcours (z.B. der GHP) kann die Brücke ein einfaches Holzbrett von der Größe 2,5 bis 3 m x 1m sein. Woanders hat sie ein Geländer oder noch anspruchsvoller, sie ist in der Mitte erhöht. Darunter kann sich eine Plastikplane, ein Graben, ein Teich oder auch ein größeres Loch befinden.
In der freien Natur würde ein Pferd eine Möglichkeit suchen, ein solches "Ding" zu umgehen, das ihm nicht recht geheuer ist. Hätte es auch dort keine andere Wahl, würde es zögernd beginnen, sich damit zu befassen. Es würde versuchen, das "Ding" aus verschiedenen Blickwinkeln heraus zu beäugen, vorsichtig beobachtend, ob es sich bewegt. Einen Fuß darauf setzen, den es dann vielleicht erst einmal wieder zurückzieht. Nach neuerlichem Zögern folgt dem ersten Fuß der zweite. Dann mutig geworden, alle vier Füße, um dann möglichst schnell, das kann auch heißen im Galopp oder mit einem Sprung, das Hindernis hinter sich zubringen.
Wichtig ist es, dem Pferd die Zeit zu geben, die es benötigt, bis es dem Reiter vertrauend die Brücke überschreitet. Das heißt aber keinesfalls, dass es nach dieser einmaligen positiven Erfahrung in Zukunft alle Brücken überschreiten wird. Jede Brücke sieht anders aus und wird vom Pferd anders beurteilt.
Das erfahrene Geländepferd wird angesichts der Brücke seinen Kopf etwas senken, um sie scharf zu sehen, sich nicht vor den Geräuschen, die die Hufe auf dem Holz verursachen erschrecken lassen und in angemessen ruhigen Schritt über die Brücke gehen und am Ende den Kopf wieder etwas senken, um beim Heruntergehen nicht zu stolpern.
Bei der Brücke gibt es zwei hauptsächliche Bewertungskriterien: das Pferd geht über die Brücke oder es geht nicht über die Brücke. Geht es über die Brücke, bleibt dem Richter zu bewerten, mit welcher Manier das Pferd dieses Hindernis bewältigt. Dabei wird insbesondere die Gelassenheit bewertet, was nicht bedeutet, dass das Pferd ohne hinzuschauen, über die Brücke hinwegtrampeln soll.

Die gerittene GHP

Jede Aufgabe darf maximal 3x angeritten werden, bevor die nächste Aufgabe begonnen wird. Nach der zweiten nicht absolvierten Aufgabe wird der Reiter disqualifiziert. Die Höchstzeit für den Parcours beträgt 5 Minuten.

1. **Vormustern**

   Das gesattelte und getrenste Pferd wird zuerst an der Hand vorgestellt. Das Pferd sollte dabei auf Hals- bzw. Schulterhöhe neben dem Führer gehen und nicht dahinter. Das Pferd wird am leicht durchhängenden Zügel zur Beurteilung auf- und vorgestellt.

2. **Schritt und Trab**

   Im Schritt bis zur nächsten Markierung und dort Trab bis zur nächsten Markierung. Von dort im Schritt bis zur Aufsitzhilfe.

3. **Aufsitzhilfe**

   Mit Hilfe der Aufsitzhilfe aufsitzen. Nach 3 vergeblichen Versuchen darf vom Boden her aufgesessen werden.

4. **Schritt und Trab**

   Im Schritt anreiten, dann im Trab bis zur Mitte der Biegung nach rechts. Dort wieder Schritt. Der Rest des Parcours wird im Schritt absolviert.

5. **Diagonal über das Stangenkreuz**

   Die vier Stangen sind 3 – 3,5 m lang. Das Innenmaß des Vierecks beträgt ca. 145 cm bei 3,5 m langen Stangen ca. 175 cm.

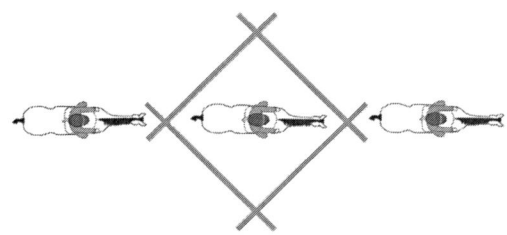

6. **Flatterband- und Müllpassage**

   Die Passage ist 2 m breit und 4 m lang. Das Flatterband ist auf einer Mindesthöhe von 1,20 m rechts und links an Hindernisständern befestigt. Ein Helfer bewegt die Flatterbänder, solange sich der Reiter in der Passage befindet. Auf der anderen Seite der Passage befinden sich Mülltonnen und bunte Müllsäcke.

7. **Aufsteigende Luftballons**

   Die Passage ist 2 m breit und ca. 6 – 7 m lang. Die Hecke kann durch 4 Hindernisständer und 2 Stangen, über die Decken gelegt wurden, simuliert werden oder auch mit Stroh- oder Späneballen. Ein Helfer lässt in 2 m Abstand zur Hecke dahinter eine Traube Luftballons ½ m hoch aufsteigen und bewegt sie dabei hin und her.

8. **Rückwärtsrichten**

   Das Pferd bis ans Ende der Gasse reiten. Dort einen Moment verharren. Anschließend rückwärtsrichten, bis das Pferd ganz aus der Gasse heraus ist. Dort wieder verharren. Die Gasse vorwärts wieder verlassen.

   Die Gasse ist 2 m breit und 4 m lang.

9. Regenschirmpassage

Die Gasse ist 2 m breit und 4 m lang. Wenn der Reiter die Gasse erreicht, spannt der Helfer einen Automatikschirm zweimal schnell auf. Zwei weitere Schirme liegen aufgespannt auf dem Boden.

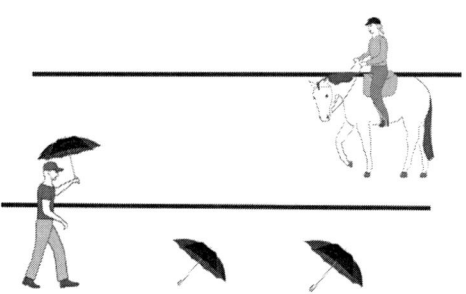

10. Plane

Eine reißfeste Plane von 3,5 m Breite und 3,5 – 4 m Länge.

11. Rappelsackpassage

Die Passage ist 15 m lang und 2 m breit. Neben der Passage sind Kanthölzer, Steine oder ähnliches in 1 m Abstand ausgelegt. Ein Helfer zieht, während der Reiter die Passage durchreitet, einen mit Konservendosen gefüllten Sack an einem 3 m langen Seil über diese Widerstände hinter sich her. Der Rappelsack soll sich immer ein wenig hinter dem Pferd befinden.

13. Brücke

Die Holzbrücke ist ca. 10 – 15 cm hoch, 2,5 bis 3 m lang und 1 m breit.

14. Sprühflasche

Das Pferd zwischen die Markierungen reiten und absitzen. Mit der dort stehenden Sprühflasche wird das Pferd von beiden Seiten 2 – 3mal im Hals- und Schulterbereich eingesprüht. Mit der freien Hand soll der Reiter Verbindung zum Zügel halten.

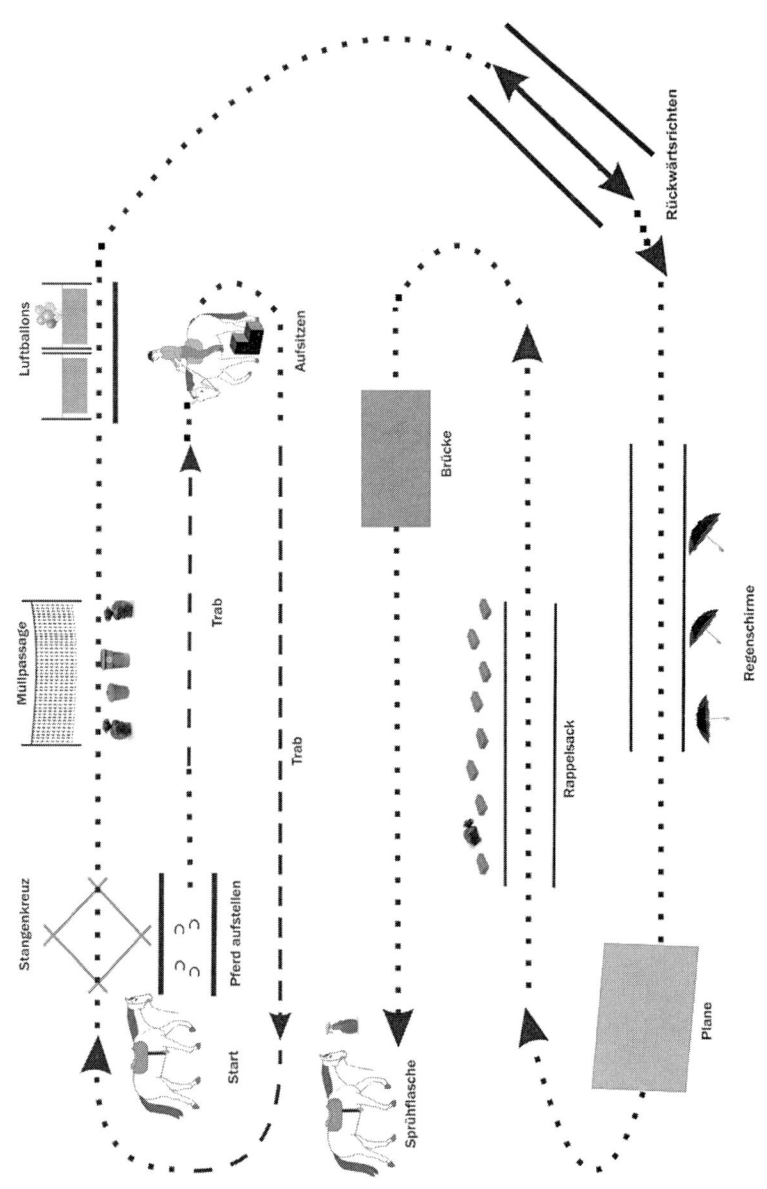

Trail Pattern 1

Das ist ein einfaches Pattern ohne Galopp und ohne Tor, das bei der EWU ein Pflichthindernis ist.

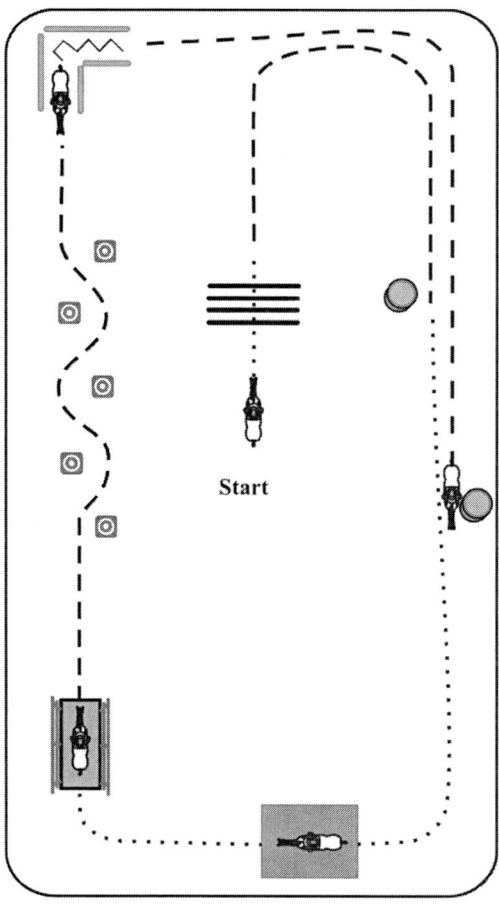

Im Schritt über die Stangen

Im Trab zur 1. Tonne

Anhalten

Gegenstand aufnehmen

Im Schritt zur 2. Tonne

Anhalten

Gegenstand ablegen

Im Schritt über die Plane

Im Schritt über die Brücke

Trab

Im Slalom durch die Pylonen

Anhalten

180°-Wendung

"L" rückwärts

180°-Wendung

Im Trab zur Tonne und dort anhalten

Trail Pattern 2

Dies ist ein gutes Pattern für Hausturniere oder Playdays. Sie enthält das Verladen des Pferdes.

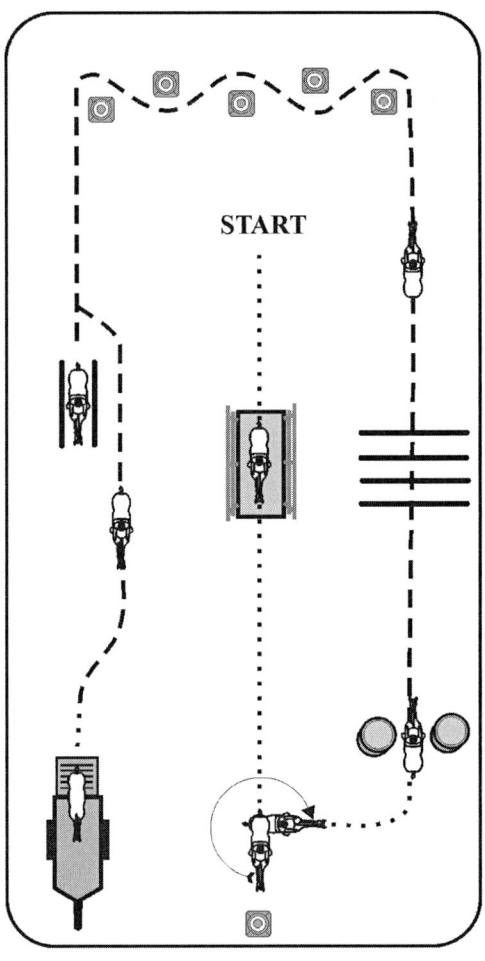

Im Schritt über die Brücke
¾ Hinterhandwendung nach rechts oder 90° nach links
Schritt
Anhalten zwischen den Tonnen
Gegenstand von der einen Tonne auf die andere umsetzen
Trab
Trabstangen
Im Slalom durch die Pylonen
Zwischen den Stangen halten
Rückwärts aus der Stangengasse wieder heraus gehen
Im Trab zum Pferdeanhänger
Anhalten und Absteigen
Das Pferd in den Anhänger führen

Trail Pattern 3

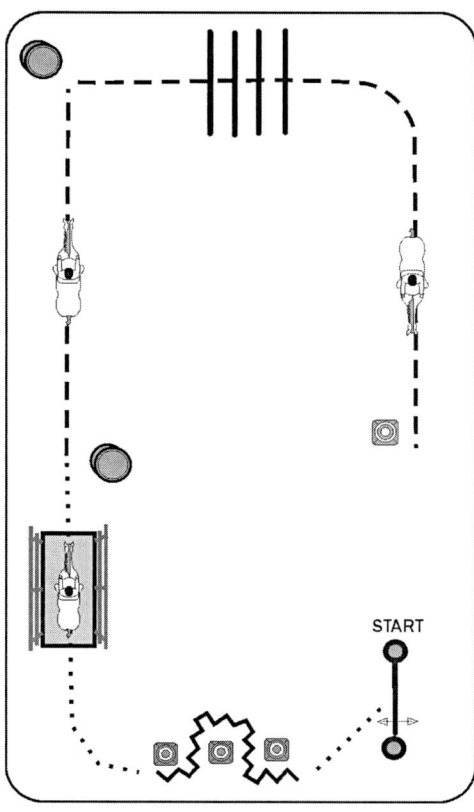

Tor öffnen, durchreiten und schließen
Schritt
Rückwärts durch die Pylonen
Schritt über die Brücke
An der 1. Tonne anhalten
Gegenstand aufnehmen
Im Trab zur 2. Tonne
Anhalten
Gegenstand ablegen
Trab
Trabstangen
An der Pylone anhalten

Der Abstand zwischen den Pylonen beim 2. Hindernis darf am Anfang ruhig 3 – 4 m betragen. Erst langsam den Abstand auf 2 m verkürzen.

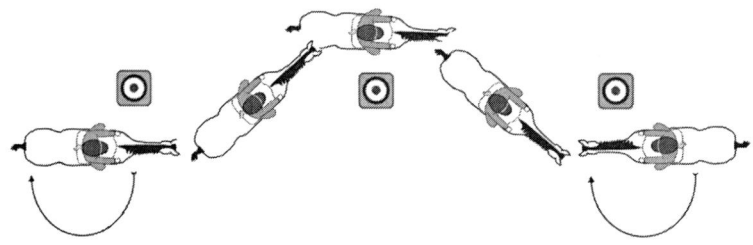

Trail Pattern 4

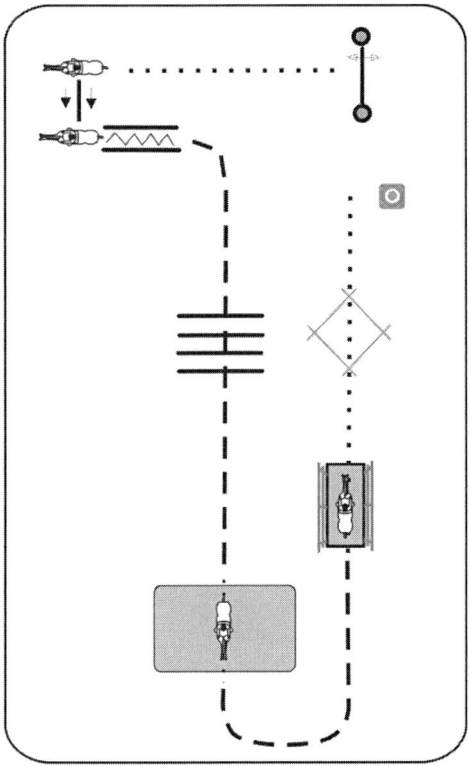

Tor
Schritt
Seitwärts über die Stange
Rückwärtsrichten
Wendung um 90°
Trab
Trabstangen
Schritt
Plane überqueren
Im Trab zur Brücke
Im Schritt über die Brücke
Stangenquadrat
Bis zur Pylone im Schritt
Dort anhalten

⇨ Wendung nach dem Rückwärtsrichten: wenn die Ausführung der Wendung nicht im Pattern vorgeschrieben ist, ist es frei gestellt, ob man eine Hinter- oder Vorhandwendung nach Links oder Rechts auswählt. Hier wäre allerdings eine Hinterhandwendung nach Links um 90° das beste Manöver.

Kombinationsaufgabe 1
aus Trail und Horsemanship

Solche Kombinationsaufgaben sind Rittigkeitsaufgaben, die exaktes Reiten überprüfen. Sie sind im Training wertvoll und man kann sie als Reiterprüfungen auf Hausturnieren verwenden.

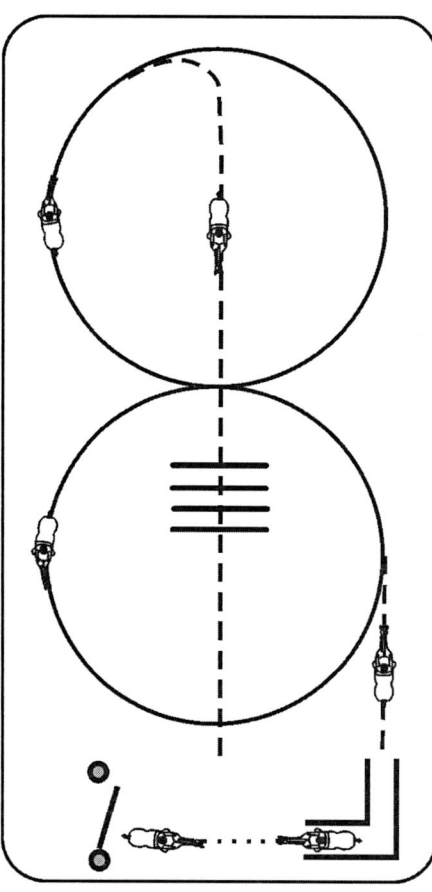

Tor vorwärts aufdrücken

Im Schritt zum "L"

Hinterhandwendung nach links

Rückwärts durch das "L"

Hinterhandwendung nach rechts

Trab

1 ¼ Zirkel Linksgalopp

Einfacher Galoppwechsel

1 ½ Zirkel Rechtsgalopp

Im Trab auf die Mittellinie

Trabstangen

Anhalten und kurz verharren

Kombinationsaufgabe 2
aus Trail und Horsemanship

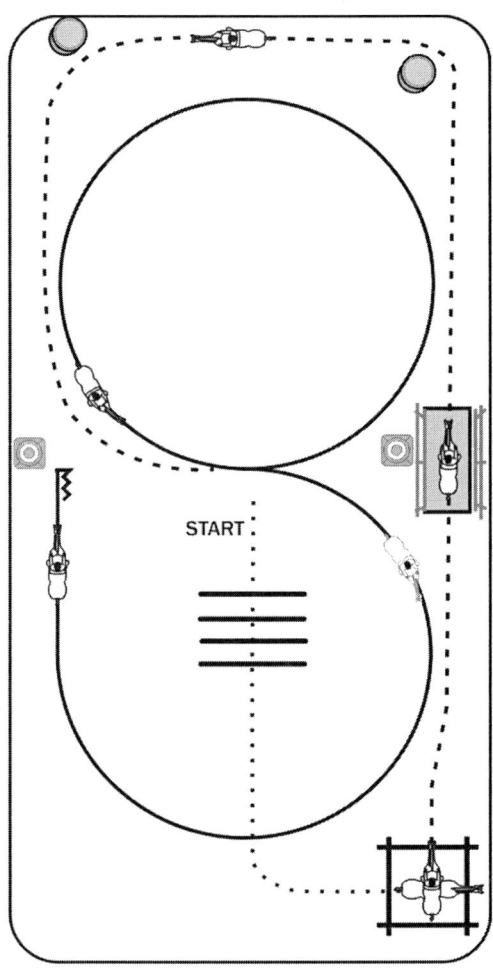

Im Schritt im Mittelpunkt (X) starten

Schrittstangen

Im Stangenquadrat um 90° nach links drehen

Trab bis zur Brücke

Im Schritt über die Brücke

Trab bis zur 1. Tonne

Anhalten und den Gegenstand auf der Tonne aufnehmen

Im Trab zur 2. Tonne

Anhalten und den Gegenstand wieder ablegen

Trab bis zum Mittelpunkt der Bahn

1 Zirkel Linksgalopp

Einfacher Wechsel

¾ Zirkel Rechtsgalopp

Dann geradeaus

Mitte der langen Seite halten

4 Schritte rückwärts richten und verharren

Kombinationsaufgabe 3
aus Trail und Horsemanship

Diese anspruchsvolle Reitaufgabe enthält recht kurze Übergänge mit wechselnden Biegungen.

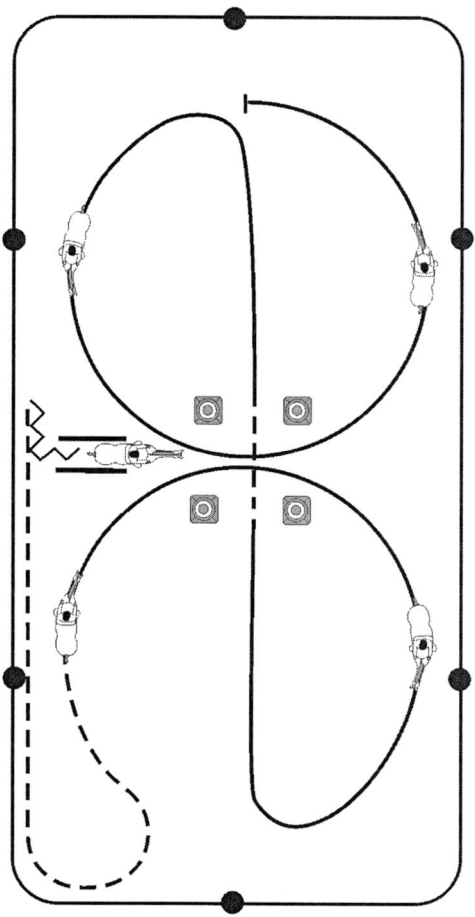

Zwischen den Bodenstangen Rückwärtsrichten um die Ecke

Trab

Kehrvolte

¾ Zirkel Rechtsgalopp

Auf die Mittellinie gehen

Trab zwischen den Pylonen

Linksgalopp auf der Mittellinie

1 Zirkel im Linksgalopp

Anhalten und 5 Sekunden verharren

⇨ **Die ganze Aufgabe zunächst nur im Trab und erst später mit dem Galopp reiten.**

Pferde sind auch nur „Menschen" und anstrengende Arbeit ermüdet ihre Muskulatur

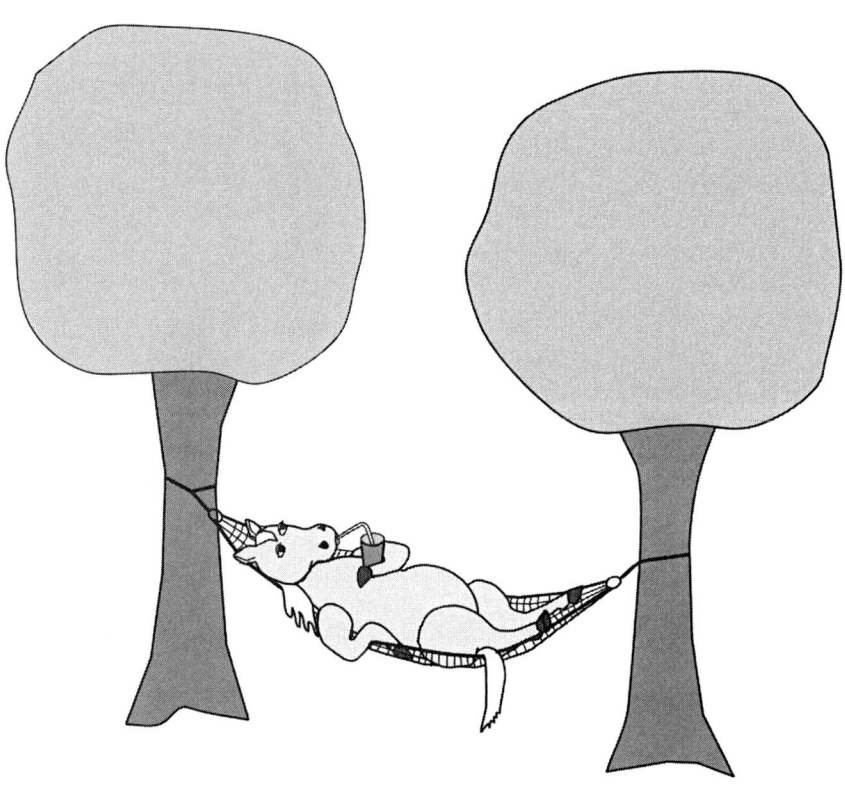

*Daher bei allem Übungseifer nicht vergessen:
Pferde müssen auch mal relaxen !*

Hubertus Ott

Hubertus Ott wurde 1950 in Würzburg geboren und wuchs in der elterlichen FN-Reitschule in Wyk auf Föhr auf. Dort erhielt er eine fundierte Ausbildung in der Klassischen Reitweise. Nach dem Abitur studierte er Kunstpädagogik und arbeitete anschließend 15 Jahre als Ausstatter, Szenenbildner und Requisiteur beim Fernsehen. In dieser Zeit wuchs sein Interesse am Westernreitsport.

Er besuchte Kurse und Lehrgänge u.a. bei Linda Tellington-Jones, Lutz Leckebusch und Pete Kreinberg. Nach längeren Aufenthalten bei namhaften US-Trainern machte sich Hubertus Ott Anfang der 90er Jahre als Westerntrainer und Züchter von Westernpferderassen selbstständig.

Seit 1989 Mitglied der EWU (Erste Westernreiter Union), übernahm er mit Leidenschaft kontinuierlich in wichtigen Ämtern Verantwortung. Er war seit 1992 als Turnierrichter der EWU und der NRHA (National Reining Horse Association) tätig und richtete u.a. die Schweizer Meisterschaften, viele A/Q-Turniere sowie auch das Warendorfer Breitensportfestival. Als Richter war er quer durch das Bundesgebiet unterwegs und wurde von den Reitern wegen seiner Fairness und Kompetenz geschätzt.

Als Moderator und Seminarleiter zahlreicher Lehrgänge und Vorträge u.a. für die Deutsche Akademie des Pferdes und die FN wie z.B. des 13. Hippologischen Forums in Warendorf, „Klassik meets Western" in Luhmühlen und Neversdorf, machte er sich ebenso einen Namen wie mit vier weiteren Büchern und zahlreichen Fachartikeln.

Seit 2002 lebte und arbeitete Hubertus Ott mit seiner Frau Esther und seiner Tochter Pia auf Gut Schnede in der Lüneburger Heide, wo er eine FN-Reitschule Westernreiten mit Trainingsstall leitete.

Er wirkte maßgeblich an der Umstrukturierung des Turnierklassensystems der EWU in Leistungsklassen nach FN-Modell mit. Hubertus Ott hatte gerade erst das neue Regelbuch der EWU ausgearbeitet, eine immense Aufgabe, als er am 9. Februar 2006 unerwartet verstarb.

Der Buffalo Verlag, der 2009 die beiden begehrten Bände „100 Übungen für Westernreiter" neu auflegte, wurde immer wieder angesprochen, ob man diese Bestseller des Westenreitsports nicht auch für Klassische Reiter publizieren könne. Das vorliegende Buch entstand größtenteils aus den Unterlagen von Hubertus Ott.

Ute Tietje

Aufgewachsen in der Reiterstadt Aachen, kam Ute Tietje im Alter von zwölf Jahren zum Reitsport. Nach etlichen Jahren harter Arbeit konnte sie Erfolge in Dressur und Springen bis Klasse M verbuchen.
Wieder im Norden lebend entdeckte sie 1982 ihre Liebe zum Westernreitsport. 1990 zog die gebürtige Bremerin, die inzwischen ins Profilager gewechselt war, in die Nähe von Verden/Aller um. Sie bildete bis 2007 in ihrem Trainingsstall ST-Moorland-Ranch Pferde und Reiter in der Westernreitweise aus und stellte klassisch ausgebildete Reiter und Pferde auf die Westernreitweise um. Ute Tietje leitete nicht nur in ihrem Trainingsstall Kurse und Seminare, sondern war von Mecklenburg bis Bayern eine begehrte Kursleiterin. Daneben hielt sie deutschlandweit Theorieseminare und Vorträge über den Westernreitsport u.a. im Deutschen Pferdemuseum in Verden und führte Turniere durch.
Seit 1987 ist die Dipl. Betriebswirtin für alle Westernreitsportmagazine, und auch klassische Reitsportzeitschriften als freie Journalistin mit Text- und Bildberichterstattung tätig. Zu ihrem Spektrum gehören Turnierberichte bis hin zu Weltmeisterschaften sowie anderen Groß-Events und Fachartikel über alle weiteren Themen des Westernreitsports. Zu ihren Lieblingsthemen gehören Berichte über Traditions-Ranches, Museen und Reisen, die in den Südwesten der USA führen.
Seit 1999 wurden insgesamt vierzehn Bücher von ihr mit verschiedenen Themenschwerpunkten, auch abseits des Reitsports, publiziert. Zwei ihrer Bücher erschienen als Übersetzung ins Ungarische und Niederländische. In den letzten Jahren konzentrierte sich die Autorin zunehmend auf das Schreiben von Büchern, was teilweise zur Recherche mit vielen Auslandsreisen verbunden war. Insbesondere für Bücher abseits des Reitsports. Dafür gab Ute Tietje 2007 ihren Trainingsstall auf, um sich ganz dieser Tätigkeit widmen zu können.
2012 erschien ihr erstes Jugendbuch „Abenteuer in Texas". Ende 2014 das Buch „Trail-Training", das sowohl bei den Westernreitern, als auch bei den klassischen Reitern großen Anklang fand. Ihrem neuesten Buch „Cowboy- und Ranchküche des mittleren Westens" sollen weitere Fachbücher und belletristische Werke folgen.

Kochbücher und mehr aus dem Buffalo Verlag

Die Autorin und Journalistin Ute Tietje, eine begeisterte Fotografin und langjährige erfolgreiche Westerntrainerin, bereiste seit 1991 bis heute für ihre verschiedenen Bücher und Artikel in Magazinen teilweise mehrmals im Jahr den nordamerikanischen Kontinent. Insbesondere den Südwesten der USA. Sie verbrachte zudem einen großen Teil des Jahres 2007 in Kanada.

Auf diesen Touren sammelte sie bei unzähligen Kontakten und Einladungen bei der gastfreundlichen Bevölkerung auf Ranches, bei den Nachfahren der Ranch- und Trailköche, in kleinen familiengeführten Restaurants oder auch bei den Ureinwohnern die häufig noch aus Pionierzeiten überlieferten Rezepte.

Die Recherche für alle Bücher der Autorin erfolgt immer vor Ort. So gehörten im Hinblick auf weitere Werke – darunter auch Belletristik – seit 1999 auch Andalusien sowie weltweit viele andere Regionen zu ihren Reisezielen.

Cowboy- und Ranchküche – Ute Tietje
Cowboy- und Ranchküche des mittleren Südwestens
212 Seiten – ISBN 978-3-9468600-3-7
Buffalo Verlag, Verden 2020 – 19,90 €

Die Cowboy-, Ranch- und Chuck Wagon-Küche hat viele Facetten, je nachdem, wo, wann und für wen welches Gericht zubereitet wurde. Außer zu bestimmten Anlässen, zu denen es teilweise recht arbeits- und zeitaufwändige Gerichte gab, überwog eine dem Alltag angepasste, unkomplizierte Küche. Die zumeist mehr als 100 Jahre alten Rezepte wurden von Cowboys, Ranch-Köchen, Rancherfrauen und den ersten Restaurantbesitzern der damaligen Zeit an ihre Nachkommen weitergegeben. Das Kochbuch ist eine kulinarische Reise in die Vergan-genheit von Texas, Oklahoma und New Mexiko, deren Geschichte und Besiedlung sehr unterschiedlich verlief.

Texas-BBQ – Ute Tietje
Grillen wie die Rancher und Cowboys
112 Seiten – ISBN 978-3-946860-40-2
Buffalo Verlag, Verden – 4. Auflage 2018 – 12,90 €

BBQ hat in Texas Tradition und wird ganzjährig zu vielen Gelegenheiten mit verschiedenen Grillmethoden zelebriert. Neben dem Hauptgrillgut bietet dieses Kochbuch nicht nur hundert Jahre alte Rezepte für Rubs, Marinaden und BBQ-Saucen, sondern auch die beliebten Beilagen und Getränke, ohne die ein zünftiges Texas-BBQ nicht denkbar ist.

Indian Cooking – Ute Tietje
Indianische Küche des Südwestens und der Plains
108 Seiten – ISBN 978-3-9809141-1-6
Buffalo Verlag, Verden – 5. Auflage 2010 – 11,90 €

Trotz der leidvollen Vertreibungsgeschichte der einzelnen Indianerstämme bei der Eroberung ihres Lebensraumes durch europäische Siedler haben die überlebenden Stämme ihre Kultur nicht nur teilweise bewahrt, sondern pflegen sie heute wieder mit angemessener Würde und Stolz. Zu ihrer Kultur gehören die traditionellen Gerichte ihrer Vorfahren, die noch heute sowohl zuhause, wie auch auf Familienfeiern und insbesondere auf Pow-Wows zubereitet werden.

Kanadische Küche – Ute Tietje
Kulinarisches Erbe der Pioniere und Indianer Ontarios
112 Seiten – ISBN 978-3-9809141-5-4
Buffalo Verlag, Verden – 3. Auflage 2018 – 12,90 €

Bodenständig, naturnah und gesund präsentiert sich die Küche Ontarios. Mussten die britischen und französischen Pioniere in den Anfängen ihre Essgewohnheiten zunächst noch dem einfachen Leben in der Wildnis anpassen, entwickelte sich allmählich aus den Gerichten der indianischen Ureinwohner und Einwanderer eine vielfältige Küche. Viele Gerichte können statt am heimischen Herd auch auf oder in einem Grill, im Dutch Oven oder zum Teil am Lagerfeuer zubereitet werden.

Nordamerika vegetarisch – Ute Tietje
Kulinarisches Erbe der Pioniere und Indianer
112 Seiten – ISBN 978-3-946860-43-3
Buffalo Verlag, Verden – 2. Auflage 2018 – 12,90 €

Die Einwanderer aus der Alten Welt mussten ihre Essgewohnheiten den harten Bedingungen des neuen Kontinents anpassen und auch bei den Indianern waren vegetarische Gerichte verbreiteter, als man annehmen möchte; selbst bei den nomadischen Jägerstämmen. Vielfältig und naturnah zeigen sich die überlieferten Rezepte aus der Küche der Pioniere und Indianer – vom Frühstück bis zur Nachspeise –, nach denen ihre Nachkommen noch heute die Mahlzeiten zubereiten.

Andalusische Küche – Ute Tietje
Iberische Köstlichkeiten mit maurischem Erbe
108 Seiten – ISBN 978-3-9809141-4-7
Buffalo Verlag, Verden – 2. Auflage 2010 – 11,90 €

Die mediterrane Küche des Südwestens der iberischen Halbinsel, beeinflusst von den Mauren, hat die andalusische Esskultur geprägt. Die Speisen in Andalusien sind – den warmen Temperaturen angemessen – zumeist leicht und gut bekömmlich. Der Einfluss des Orients ist in vielen Gerichten spürbar. Die Mauren kombinierten auf kreative Weise Fleisch und Fisch mit Früchten, Kräutern, Nüssen, aber auch scharfen Gewürzen. So gehören Beigaben von Mandeln, zerstoßenen Nüssen, Pistazien, Pinienkernen, Korinthen, Feigen, Melonen, Orangen und anderen Früchten, ja selbst Schokolade zu Fisch- und Fleischgerichten zu ihrem Erbe.

Camping-Kochbuch – Ute Tietje
210 leckere Rezepte schnell und einfach zubereiten
160 Seiten – 190 Farbbilder – 13 Tabellen – ISBN 978-3-9468600-0-6
Buffalo Verlag, Verden 2019 – 19,90 €

Ob mit dem Zelt, Mini-Camper oder Wohnwagen unterwegs – in diesem Rezeptbuch ist für jeden Outdoor-Fan etwas dabei. Die altbewährten Rezepte aus der Küche der Pioniere und Indianer Nordamerikas eignen sich perfekt für das Kochen in der freien Natur. Vom leckeren Frühstück über den Eintopf, Gegrilltem mit vielfältigen Beilagen bis hin zu köstlichen Kuchen aus der Pfanne für zwischendurch ist alles zu finden. Schnell und frisch mit einfach zu beschaffenden Zutaten zubereitet, ohne viel Firlefanz und trotzdem abwechslungsreich.

Reitsportbücher aus dem Buffalo Verlag

Ein Buch, das jeder Trailreiter im Bücherschrank haben sollte

Trail-Training – Ute Tietje

Vom Playday bis zur Meisterschaft

220 S. – 240 Grafiken aus der Reiterperspektive– gebunden
ISBN 978-3-9813009-7-0 –Buffalo Verlag 2014 – 24,90 €

Nicht nur das furchtlose, aufmerksame Herangehen an ein Hindernis zählt, sondern auch die Technik, die Auswirkungen auf die Präzision und Geschwindigkeit bei den Abläufen hat. Mit 240 Graphiken aus der Reiterperspektive auf 220 Seiten lädt das Buch ein, sich diese Fertigkeiten anzueignen. Egal ob als Trail-Anfänger auf einem Playday oder bereits auf einem Meisterschafts-Level, der die Bewältigung der anspruchsvollen, von Tim Kimura kreierten Trails verlangt. Ein vielfältiges Spektrum der Verwendungsmöglichkeiten einzelner Hindernisse soll dazu anregen, sich für jeden Level individuellen Bedürfnissen folgend, die richtigen Übungen zusammenzustellen.

Den vielen hilfreichen allgemeinen Trail-Tipps am Anfang des Buches folgen in verschiedenen Gangarten zu überreitende Stangenhindernisse, Steuerungshindernisse jeder Art, Schreckhindernisse sowie diverse andere Hindernisse. Mit Skizzen aus der Reiterperspektive wird bei den zu reitenden Manövern gut verständlich erklärt, wie Fehler vermieden und die Hindernisse trainiert werden können, um sie problemlos zu bewältigen. Der Reiter wird dort abgeholt, wo er mit seinem Pferd trainingsmäßig steht und kann sich und sein Pferd so optimal steigern.

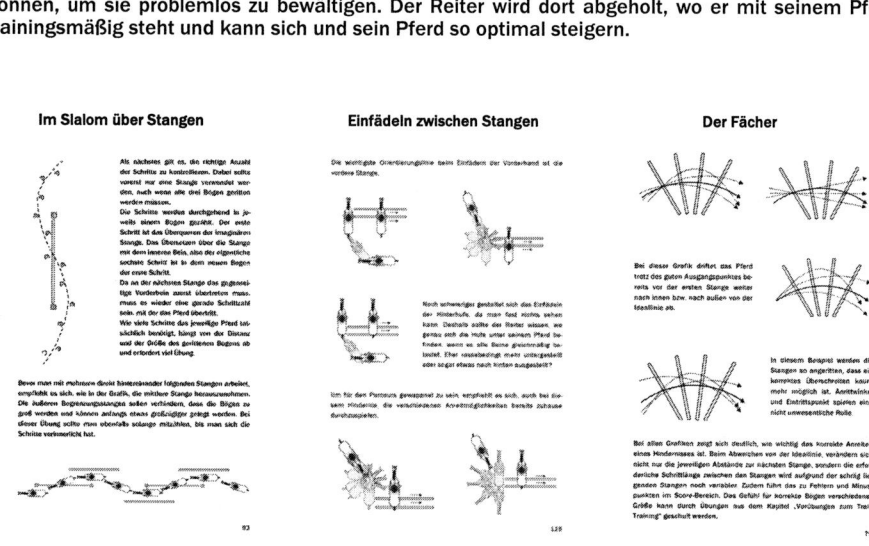

100 Übungen für Westernreiter – Band I

Hubertus Ott
108 Seiten – mehr als 100 Graphiken – ISBN 978-3-9809141-2-3
Buffalo Verlag, Verden, 5. Auflage 2019 – 18,90 €

Die Übungen dieses Buches sind in aufsteigendem Schwierigkeitsgrad geordnet, um das Training methodisch organisieren zu können. Klar und verständlich werden die Übungen anhand von Graphiken erklärt, so dass jeder seine Trainingsarbeit abwechslungsreich gestalten kann. Zusätzlich zu Übungen zur Rittigkeit (Übergänge, Gymnastizierung usw.) sind auch allgemeine Horsemanship- und Trailaufgaben enthalten sowie für das Westernreitabzeichen in Bronze Horsemanship- und Geländeaufgaben.

100 Übungen für Westernreiter – Band II

Hubertus Ott und Philipp Martin Haug
144 Seiten – ca. 150 Graphiken – ISBN 978-3-9809141-9-2
Buffalo Verlag, Verden, 3. Auflage 2012 – 18,90 €

Die Übungen dieses zweiten Bandes, die wie in Band I aus der Praxis entstanden sind, richten sich mit ihren anspruchsvolleren Lektionen an den bereits fortgeschrittenen Westernreiter. Sie geben wertvolle Tipps zum Ausbildungs- und Trainingskonzept für das tägliche Training. Hauptthemen sind Übungen zur Gymnastizierung, Galopparbeit, zu fliegenden Wechseln, Stopps und Spins.

100 Übungen für Freizeit- und Turnierreiter

Aus der Praxis für die Praxis – Hubertus Ott und Ute Tietje
128 Seiten – ca. 150 Grafiken – ISBN 978-3-98113009-0-1
Buffalo Verlag, Verden, 5. Auflage 2020 – 18,90 €

Auch im klassischen Reitsport ebnet nur stetes Training den Weg zu entspannten Ausritten und zu guter Leistung im Turniersport. Kreative Übungen erhalten die Aufmerksamkeit des Pferdes und motivieren es zur Mitarbeit. Ziel ist es, durch inspirierende Übungen für individuelles Training ohne Langeweile für Pferd und Reiter Korrektheit und Gelassenheit bei der Aufgabenbewältigung zu erreichen.

Lexikon Westernreiten – Ute Tietje

Praxiswissen von A – Z
180 Seiten – weit über 100 Grafiken - ISBN 978-3-9468604-9-5
Buffalo Verlag, Verden, 2. aktualisierte Auflage 2019 – 16,90 €

Aktuelles Wissen rund um den Westernreitsport für Turnier- oder Freizeitreiter. Mit mehr als 1.500 Begriffen von „A" wie Appaloosa bis „Z" wie Zero Score und seinen zahlreichen Querverweisen rund um den Westernreitsport lässt dieses Werk keine Frage offen.

Weitere Informationen finden Sie hier:

www.buffalo-verlag.de

Butterfly's Vision
Western Art Gallery

Bilder und Kunsthandwerk aus dem Südwesten der USA
Auf der Höhe 10 - 27283 Verden - Tel. 04230-9540781

Geschenke-Shop der Country- und Westernszene seit 2001

In der ersten Western Art Gallery Deutschlands finden Sie Bilder von bekannten Western Art Künstlern aus den USA, deren Originale teilweise in bedeutenden Museen der USA ausgestellt sind. Das kunsthandwerkliche Angebot der Galerie bietet viele Gegenstände mit Westernmotiven, indianischen Motiven, Bisons, Wölfen, Pferden und anderem.

Windlichter, Teelichter, Wandhaken, Visitenkartenhalter, Glas und Keramik und vieles mehr steht bereit, um Ihr Heim zu verschönern.

Werke von Charles Russell, Frederic Remington, Orren Mixer, Tim Cox, Jody Bergsma, Oscar Berningham, Larry Fanning, Milton Lewis, und vieler anderer, sowie auch in Deutschland nicht so bekannter indianischer Künstler, sind als Print oder mit Passepartout versehen oder auch als gerahmtes Bild vorrätig.

Pferde- und Wolfsliebhaber sowie die Freunde des amerikanischen Bisons haben eine reichhaltige Auswahl in den verschiedensten Bildgrößen. Bilder aus dem Leben und der Arbeit der Cowboys, der Geschichte des Landes und insbesondere Bilder aus dem Leben und der Mythologie der Indianer, aber auch die Darstellung landschaftlicher Schönheit. Und „last not least" gehört auch Southwestern Art zum Spektrum der Galerie.

Nicht nur der private Liebhaber, sondern auch Besitzer von Saloons, Reiterstuben oder Restaurants mit Westernflair sind begeistert über die Vielfalt des Angebots.

Wir haben etwa 300 Prints verschiedener Größen, Prints im Passepartout fertig für ihren eigenen Rahmen und gerahmte Bilder in Größen von 13 x 18 bis 60 x 80 cm vorrätig. Viele der Bilder und kunsthandwerklichen Objekte sind Einzelstücke.

Wir haben keine festen Geschäftszeiten, da wir viel unterwegs sind und bitten daher um telefonische oder anderweitige Terminabsprache, wenn Sie uns besuchen möchten, um nach einem speziellen Objekt zu suchen oder die Bilder sowie andere Objekte in Natura zu sehen.

www.butterflysvision.de